AQUARIUS

U0057858

AQUARIUS

AQUARIUS

AQUARIUS

Vision

一些人物，
一些視野，
一些觀點，
與一個全新的遠景！

夢知道答案
武志紅——著

【序】

試著，向夢尋求答案

考試夢，是無數人會做的一種常見的夢，也是常折磨我的一種噩夢，它有兩種常見的情形。

一種情形是，我回到了高中，在高考或其他考試中，我發現自己竟然什麼都不會，尤其是數學。

一種情形是，我在重讀研究所，而我知道，我第一次讀研究所時，一些科目沒有及格。實際情形是，我高考時數學考了一百一十七分，而滿分是一百二十分，只是，這是我整整花了一年半辛苦努力的結果。一如我在關於考試夢的解夢文章中所說，考試夢總是要取這樣的點來折磨你——某一科目你曾經非常焦慮，但最後你畢竟克服了它，由此，夢中，你的焦慮會達到頂點，但醒來時很容易如釋重負——這一科我不是好好地過了嗎?!

研究所時的情形則是，我研二上半年即有了嚴重的憂鬱症，結果學業上荒廢了兩年，後來申請延期一年，即讀了一次「研四」才畢業。這次延期，以及兩年的荒廢，讓我心中充滿愧疚，所以我夢中要一次次回到這個讓我有挫敗感的人生節點，並在夢中去化解我的各種痛苦感受。

二〇一三年春節前後，我又做了一次考試夢，我再一次重讀研究所，夢中也一如既往地陷入焦慮與愧疚。但我突然明白，我其實早已畢業了，我的各科成績雖然不高，但都是過了的，我根本沒必要再去重讀研究所。

從這個夢中醒來，我有很大的釋然感。我感覺，折磨了我多年的考試夢，應該是再也不會做了。

的確，從那時到現在，我再也沒有做過考試夢。

當時發生了什麼事情？

直接答案是，在二〇一三年春節前後，我的「巨嬰論」終於成形了。作為中國的心理學者，我一直對各種中國式的經典現象充滿興趣。我在治療的理論上無意去突破什麼，但我很希望能透過心理學，捕捉到個人、家庭、社會、文化，乃至歷史的一些答案，而所謂的「巨嬰論」，即我找到的答案。

巨嬰論，簡單的概述是，中國絕大多數的問題，都與一個基本事實有關——大多數中國成年人，心理發展水準仍是嬰兒級別，而這樣的成年人，亦即巨嬰。

關於巨嬰論，我正在寫書，希望系統地闡述它。

為什麼形成巨嬰論，會讓我從考試夢的焦慮中解脫出來？

表層理解是，如何用心理學去理解中國人的國民性，這是對我這個心理學工作者的一次考試。而巨嬰論是我給出的一個很好的答案，有了該答案，這科考試我就過關了。

深層理解是，大多數中國人是巨嬰，而這個大多數中，一樣包括我。實際上我自己才是我的第一分析對象，而中國社會與文化，只是對我的個人分析的一個延伸。如此一來，深切而全面地去理解巨嬰現象，首先意味著對我個人深入的自我認識。這份自我認識，化解了我的焦慮。

心靈與夢一起成長，這是本書中一篇文章的題目，其意思是，心靈成長會同步地體現在夢中，而夢的改變，也常是心靈改變的一種標誌。對我而言，考試夢是一個極大的焦慮，而考試夢的化解，也是我心靈成長的一個里程碑。

書中，我一直在說，向夢尋求答案，而我也一直有意識地在這樣做。譬如我在書中寫到，一次考試夢中，我突然明白，這張試卷沒有正確答案，而拒絕做這張試卷。這是我對中國文化的一個思考結果：在我看來，我們許多傳統的價值觀根本就不能成立，假若它們是衡量我們是否及格乃至優越的考題，那麼，這份考題根本沒有正確答案！

假若尋求正確答案的話，就需要從傳統的、反人性的價值觀中跳出來，學習去尊重人性本身。就這一點而言，夢具有無比重要的價值。

夢是什麼？

佛洛伊德說，夢是願望的實現，夢是潛意識的反映。而潛意識中，則藏著我們的意識所不能接受的那些東西。

相比而言，我更喜歡美國心理學家馬爾茲的說法：潛意識，是我們能量的容器，藏著無數資源，意識只要設定目標，潛意識就會朝向這一目標前進。

我多次深切地體驗過，夢中的思考無比流暢，遠勝於我用意識層面的頭腦進行思考。

譬如，我曾連續三天，在夢中思考什麼是投射性認同——其實不是思考，而是一個我給另一個我講解。講解過程酣暢、自然、靈動、無比精微，醒來之後，我又沒法用語言描繪。但我知道，我對投射性認同的理解，絕對深入了不止一個層次。

譬如，一次思考自由時，我夢見，我在對另一個我講解上帝粒子玻色子。而玻色子，我不過是聽說過而已，然而夢中的講解，根本不是我的認知水準所能達到的。

譬如，在思考專制、集體主義與個人主義時，我夢中破局，大喊出「這張試卷根本沒有正確答案」。

至於夢中作曲、寫詩、說英語、唱歌等事情，相信無數人體驗過；夢中的創造力，遠不是現實中的自己所能達到的。著名的故事則有，門得列夫受夢的啟發而寫出元素週期表，華生則受夢的啟發而提出了DNA的雙螺旋結構。

我自己有次竟夢見，康德跟德國皇帝說：天上沒有一顆星星是多餘的，地上沒有一個人是壞的。當然，更頻繁發生在我身上的是，我借助夢，一次次地療癒了自己。

心理學家榮格（瑞士著名的心理學家，曾是佛洛伊德最重要的弟子，他提出了集體無意識的概念，對中國文化非常看重）說：「唯有洞察自己的內心，眼界才能清楚。只往外看，那是發夢；內觀始有覺醒。」

我個人的成長過程，一次次地驗證了這一點。

所以，希望我這本簡單的書，能傳遞出這份美好的體悟：試著，向夢尋求答案。

目錄

Part 2

死亡夢

學會適應充滿無力感的現實

Part 3

考試夢

接受考驗是強大自己的唯一出路

目錄

Part 5

夢見家庭變故

積極面對泥沙俱下的生活

Part 6

夢見工作不順

勇於接納自己的不完美

目錄

Part 1

做自己的解夢大師

夢，幫你吹散心靈的迷霧

別忙，我先感覺一下我自己

「放手！」「山」急切地耳語著。

武士了解，他沒有其他選擇。在那個時候，他的力量開始消失，他抓住岩石的手指也開始迸出鮮血。由於相信自己快死了，他放了手，向下落去，掉入記憶中無盡的深處。——摘自羅伯・費雪《為自己出征》

前不久，我在一個僻靜的地方上一個名為「蘇菲營」的課程。蘇菲，是土耳其等國的一種修行方法，被視為「西亞的禪」。如果說，我們文化中的禪修，是透過靜的方式修行，那麼，蘇菲就是透過動的方式去修行，而兩種修行的目的卻是一樣的——放下小我。

只動了一天，我便感覺累極了，於是坐在賓館的沙發上休息，這時接到了同學L的電話。L

有滿腹的牢騷，在電話中，他向我聲討某某銀行，說他剛去了西歐，而有五百英鎊的費用涉及某某銀行，明明是銀行的工作人員做錯了，但他們不僅不道歉，還很傲慢。

接著，他又向我聲討很多「相關部門」，說在中國做生意實在太難了。

放在以前，我會認真地聽他訴苦，然後幫他分析一下事情的緣由，但現在我不再這麼做。不僅是因為累，也因為我知道，聽別人聲討另外一個人，一般都是浪費時間。

於是，我直接打斷他說：「哥們，你說得有道理，但你這麼說的時候，我有了一個感觸，不知道該說還是不該說。」

「哦，是嗎？」他回答說，「說吧，有什麼不能說的？歡迎！」

「你怎麼變成了一個『憤中』？」我說。

我之所以這麼說，是因為L以前是一個非常溫和而寬厚的人，他很少表達他的怨氣。現在，已三十五歲的他，卻變成了一個充滿憤怒的男人。

我的質疑讓他也感覺到有點驚訝，他說，難道不應該憤怒嗎？誰遭遇了像他那麼多不舒服的事，都會對銀行和很多「相關部門」生出怨氣的。

「你的怨氣主要是針對銀行和『相關部門』嗎？」我反問他，「你不妨靜下心來問問自己，你的怨氣的主要來源是哪裡。」

在電話那頭，他靜了一會兒說：「是的，我的怨氣的主要源頭不在這裡。」

「好人」們常玩抱怨遊戲

這答案我料到了，因為我對他比較了解，明白他的怨氣主要來自家中。L是一個很會為別人考慮的人，尤其是一個很顧家的人，然而我發現，無數像他這樣的「好人」，到了中年和老年後會有一個特殊的心理邏輯結構，這可以稱為「怨氣形成的三部曲」：

一、活著是為了別人。
二、我已經奉獻了這麼多，你們應該為我考慮。
三、你們沒有為我考慮，所以我有滿腹怨氣。

其中的第二個環節是隱蔽的，「好人」們通常不會將它表達出來，他們無意中在玩一個遊戲——「我為你做了這麼多，我不說，你就應該知道為我做什麼。」但通常別人都不會回應他們這一隱蔽的渴求，而這最終會導致「好人」們的怨氣，以及伴隨著這一怨氣的自戀感——「我是多麼具有奉獻精神的好人啊，你們都欠我的。」

這種怨氣是一個逐漸積累的過程。小時候，因為怨氣不重，我們可以心平氣和地做「好人」。隨著年齡的增長，我們發現，做「好人」並不能自動帶來價值感和別人的尊重，相反地，別人會「對不起」自己，這令自己逐漸感到絕望，絕望到了一定地步，這種怨氣就會爆發出來。

怨氣爆發得愈早愈好，因為這意味著改變的契機。我發現，許多「好人」是到了三十多歲後才開始爆發。這仍然算好的，如果到了五、六十歲，甚至七、八十歲再爆發，那就很可惜了。

作為L的同學兼好友，我好像一直在等著他的怨氣發作，而這次是一個很好的機會，所以我很自然地點破了他這個隱蔽的心理遊戲。

L的這種「為了別人而活」的邏輯，在我們的文化中非常常見，因為我們將這個視為「好」，而將「為了自己而活」視為自私，視為「壞」。然而，我在心理諮商中發現，除非一個人真正抱定「為了自己而活」這個理念，否則好的改變很難發生。

因為，「為了別人而活」這種觀念貌似是奉獻精神，但其另一面是「我的不幸是你導致的」。所以「好人」們在諮商的一開始，很容易將責任歸咎於他人，這也意味著推卸責任，於是成長很難發生。

一個美極了的蛻變夢

類似的故事也發生在我的一個來訪者F身上。F是一個依賴者，她的核心問題是，每當她要為人生做選擇時，她都會陷入極大的猶豫中，因為她發現，每一種選擇都會有人受傷。

於是，在長達一年半的時間裡，儘管她的人生遇到了很大的難題，迫切需要她做選擇，她仍然處在一種動彈不得的處境中，沒有做出任何選擇。

在一次關鍵的諮商中，我們對她的一件很小的事情做了細緻入微的探討，她終於明白，做任何選擇都會有相關的人受傷，而她最怕內疚，不想欠任何人，所以她在絕大多數場合都依賴別人為她做選擇。這種內疚，她平時也知道，但每當內疚產生時，她都會去逃避。結果，逃避內疚也就導致了逃避選擇。

那次諮商後，她已知道該如何做，並在生活中承擔起了選擇的責任，但她仍然來找我諮商，並好像是為我考慮一樣。我感覺到這一點，問她：「如果是你選擇中斷諮商，也會覺得對不起我嗎？」

她說是，我笑著說：「我很窮，很需要你每小時三百元的諮商費，期待你繼續來找我。」她也笑了，而接下來，她選擇了中斷諮商。

過了一個多月，她又突然來到我的諮商室，說前天晚上做了一個夢，希望我幫她分析。但這哪裡是分析，更像分享，因為她的夢境實在是太美了：

我夢見我是一隻鳥，住在一個黑漆漆的山洞裡，山洞裡還有很多我的同類。我們都不會飛，擠在山洞的岩石上，各自占據著一個窄小的位置不敢動彈，否則就會掉下去。

突然，我找不到我的位置了，最後一個位置被一隻不是鳥的動物占據了。牠冷冷地看著我，不打算提供幫助，我從岩石上掉了下去，像自由落體一樣，那一刻我很恐慌。

但在跌落過程中，我突然發現，我有翅膀，於是我努力地撲騰翅膀，心裡有一種莫名的信念，相信我一定能飛。而我果真飛了起來，再也不怕墜落。

我飛得自在而瀟灑，我的一些同類也明白了自己可以飛，牠們跟我一起呼嘯著飛出山洞，與經過洞口的一群白天鵝會合，飛向藍天。這時我發現，原來我和我的同類都是粉紅色的天鵝。我們還飛過大海、森林和湖泊。

我發現，我們不僅能飛翔，還可以游泳。低低地飛過水面時，有人將水濺起，潑向我們，我覺得這沒什麼，畢竟這對我們構不成任何傷害。

F從這個夢中醒來，帶著極大的喜悅，她一看錶，發現是凌晨三點多鐘。這種喜悅帶來的興奮一直持續著，直到五、六點鐘時她才又睡了一會兒，而再度醒來後仍是充滿喜悅。

這個夢起碼有雙重的含義，一個是對F的生活的隱喻，另一個是對F的心靈蛻變的表達。

就人生處境而言，我們多數人都像F一樣，站在一個狹窄的岩石上，拚命去守護那一點可憐的地盤，生怕失去它。而守護的辦法，也常常是執著於某一種早就習慣的辦法。

對F而言，她要守護的這個地盤就是重要親人的愛與認可。因為她的重要親人中，多是支配欲很強的人，所以她守護這個地盤的辦法，就是扮演一個可愛的依賴者。

然而，這個辦法失效了。不管她怎麼執著於這個辦法，這個地盤都是守不住的。

於是，在夢中，她從岩石上跌落了下來。但在跌落過程中，她發現，原來她是可以飛的，她不必那麼執著於一種方式。

極端痛苦是需要蛻變的信號

這正如德國心理治療大師海寧格提到的一則寓言故事：

一頭熊，一直被關在一個窄小的籠子裡，只能站著，不能坐下，更不用說躺下。當人攻擊牠的時候，牠最多只能抱成一團來應對。

後來，牠從這個窄小的籠子裡被解救了出來，但仍然一直站著，彷彿不知道自己已獲得自由——可以坐，可以躺，可以跑，還可以還擊。

我們都生活在這種無形的籠子中，對於多數人而言，除非遇到一些極限情況，否則會一直執著於原來的那種方式。譬如，L會一直執著於做「好人」，而F會一直執著於做依賴者。但是，極限情況發生了，L開始有了承受不了的怨氣，而F有了亂成一團的人生處境。這些極限情況看起來很不好，但這也恰恰是迫使他們不得不放棄原有方式的動力。

一旦放棄執著，那頭熊會發現，牠可以坐、躺、跑，甚至還擊。而L會發現，他不必非得做「好人」不可，他首先得學會尊重自己；F則會發現，她可以做一個獨立的人，不必什麼事都依賴別人做決定。

總之，如若我們不再執著，便會發現，原來世界海闊天空。我們不必非得守在那塊可憐的地盤上；我們可以飛翔，可以游泳，可以不必理會別人的流言蜚語。我們只需要尊重自己內在的靈性。

可以說，F的這個夢是一個頓悟的夢。人一旦有了這種短暫開悟的時刻，內心就會發生一次翻天覆地的變化，會變得更和諧、更有力量，也更富有彈性。對此，F有明確的體會。

她說，從夢中醒來後，她深切地明白，她生命中的那些問題仍然存在，但不同的是，它們變小了，她可以輕鬆面對了，而且她深信一定會找到好的解決辦法。

我的感覺是，她剛來找我做諮商時，她的任何問題都好像是一個無比巨大的問題，將她整個人籠罩住了，令她動彈不得。但慢慢地，她和這些問題拉開了距離，有時她能夠像一個旁觀者一樣，跳出來看這些問題。現在，這些問題則像一顆小圓球一樣，可以被她捧在手中，認真而輕鬆地觀察。

她是怎麼做到這一點的呢？加上這次解夢，她總共來找我做過四次心理諮商，難道我像神仙一樣，點化她了嗎？當然不是，關鍵是她很快有了一個重要的覺悟：每當有問題出現時，她不會像以前一樣，立即陷入問題中，並急於去尋找解決問題的辦法，而是先去感受一下自己。

用她自己的話說是，每當碰到問題時，她會立即對自己說：「別忙，我先感覺一下我自己。」

找到自己就不會失控

通常，「感覺一下我自己」的辦法是做一個深呼吸，然後將注意力集中在自己的身體上，感受一下身體反應和內在體驗，然後才面對問題。

假若環境允許的話，她會躺下來，細細地感受自己的身體。不過，最初告訴她這個辦法時，我講得比較籠統，並沒有一個非常具體的方法教給她，所以她摸索出了自己的方法。一開始，她試著去感受自己的手，但覺得這太簡單，好像除了感覺外，還應該做點什麼。於是她就想像，自己的每一根手指和腳趾都像小樹苗一樣，會緩緩長大。並且，她也不是從頭到腳這樣按順序去感受自己的身體，而是感受完了手，就去感受腳。結果，不管遇到什麼事情，只要專心做這個練習，她都是沒做完一遍就會睡著。

這個練習的核心是與自己的內在取得連結，當我們可以很嫻熟地做這個練習後——這一點很容易，我們也就可以在生活中，隨時找到與內在連接的感覺。這樣一來，不管外面發生什麼事情，只要我們能感受到自己的內在，我們就不會輕易失控。

F說，她每天都會做這個練習，而且一天會做很多次，結果她面對事情時愈來愈鎮定，好像真的有了一個空間籠罩在她身邊，令她任何時候都能和問題保持一點距離，進而比較自如地去觀察這個問題。

和人分享這樣一個夢，真是很美的事情，只是我忘了告訴F一個感受：我有點羨慕她，羨慕她能這麼快就達到這樣的境界。儘管這個練習是我教她的，但我並沒有達到這一境界。

這個練習以及F新形成的行為習慣——「別忙，我先感覺一下我自己」，都是在做同樣的事情，就是「關照你的內在」。當遇到什麼人或事時，不是將注意力集中在外部，而是先來關照自己，先與自己的內在取得連結，然後帶著這種連結去做選擇。這時，你就會真切地感受到，這是你的選擇，是由你自己做出的選擇，只有你為此負責。

如果說我在做心理輔導時必須要教來訪者什麼，那麼這是必要的一步。因為，只有當來訪者願意做到這一點時，真正的改變才有可能發生。

有了那樣一個夢後，F的內心境界進入了新的層次。這時，她可能會和以前一樣做出同樣的選擇，但因為內心發生了變化，這一選擇的意義也就不同。

同樣地，如若L能做到這一點，對「好人」的邏輯不再執著，而是從自己出發，他一樣還可能會繼續做一個好人，但一個「有明確的內在」的好人，和那種注意力都放在別人身上的好人，可以說是完全不一樣的。這兩種好人我都接觸了不少，前一種會令我生出親近他的渴望；而後一種，則會令我有逃離他的衝動。

與你的鏡像自我對話

一個人的瘋狂和不正常的程度，取決於他的個性與其本質之間的分歧程度。一個人對自己的了解與他真實的樣子愈接近，他就愈擁有智慧。他對自己的想像跟他真實的樣子相差愈大，他就愈瘋狂。——羅德尼・科林（Rodney Collin）

前不久，我去北京講課，想到了一個練習：

舒服地坐端正，閉上眼睛，先感受一下你的身體。

放鬆，想像你在走一段樓梯，走近一棟房子。

打開大門，進入客廳，你看到一扇更小的門。

打開這扇門，進入一個房間，房間裡一面鏡子對著你。

從鏡子裡，你看到了什麼？

（說明：做這個練習時，如感覺非常難受，別勉強自己非做下去不可。很痛苦的話，需要專業人士陪伴，至少，別一個人做這個練習，身邊有親友陪伴最好。）

一般來說，我們從鏡子裡看到的，正是自己，或者說，是自己的鏡像自我。這個練習的哲學依據，來自一個簡單的說法：萬事萬物都是我們的鏡子，我們須從鏡子裡看到自己。我最喜愛的詩人魯米，則對這個哲學做過最美妙的表達：

每一秒鐘，他都會對著鏡子鞠躬。
如果有一秒鐘，他能從鏡子中看出裡面有什麼，
那他將會爆炸。

我們所有的知識，我們對世界的感官認識，其實都是鏡子裡的一種幻象。當對此沒有覺知時，我們會信以為真，覺得一切都是再真實不過的東西，處處都是真理。但若能懂得，「我」與我所有的知識，甚至萬事萬物，都不過是鏡像，那麼，就如魯米所說：

他的想像，他的所有知識，乃至他自己，都將消失。他將會新生。

特別是，關於「我是誰」這個問題，鏡像自我練習，會是一個簡單且強而有力的練習。因為，在這個練習中，若你有感覺，即你進入了練習狀態，那你會直接從鏡子裡看到潛意識中，關於你自己的資訊。而這些資訊，常常是你意識不到，但又無比重要的。

根據這個道理，鏡子中呈現的東西，常常會嚇到我們。所以，很多朋友一進入練習狀態，就會感覺到恐怖。

但是，做這個練習，當然不是為了嚇到我們；如果只是透過鏡子看到我們潛意識中的可怕之物，這也沒有意義。關鍵是轉化。

轉化也非常簡單，可以按照以下的指導語做：

看著鏡子裡的東西，感受它和你的關係、它和你的距離。想想如果你可以對它說話，你想對它說什麼；如果它可以對你說話，它想說什麼。

對話之後，再次感受你和它的關係，看看發生了什麼變化。

當然，在這個練習中，並不是必然會出現恐怖感或恐怖之物。如果你的潛意識和意識差距不大，準確地說，你的外顯自我與內在自我差距不大的話，你的鏡像自我和真實自我就比較接近。這意味著，你的自我比較和諧，這種情形下，鏡子中出現的東西就不會讓你有恐怖感。

但自我衝突很嚴重的人，其外顯自我和內在自我太矛盾，潛意識裡就會藏著很多自己意識上並不願意碰觸的東西，而這部分潛意識就會以比較恐怖的形象出現。但是，這分恐怖，並不意味著潛意識就是這麼恐怖，而是反映了你意識上對這部分潛意識的態度。你愈是拒斥、不接納它，它就愈顯得恐怖。

但不管出現什麼，請去感受你與鏡中意象的距離——這意味著自我對它的接受程度。如距離很遠、很模糊，試著和它對話，逐漸靠近它或讓它清晰，乃至擁抱它。

不過，最好順其自然，別太勉強自己。如果是目前的自己絕對不能接受之物，那麼不必太勉強自己和它靠攏與整合。

心理學家申荷永老師說得好：「心靈的事，慢慢來。」這個練習中，不只是鏡子，樓梯、房間等其他部分也有意義，如果在其他部分你有很強的感受，那麼，體會這部分的感受，試著去理解它，聆聽它要表達什麼。

有次我在廣州一個大會場講夢，一開始先引導大家做了這個練習，有三名學員做了分享。第一位是男學員，在他的想像中，打開房門、進了客廳，客廳裡很熱鬧，家人雲集，感覺很好。但進了小房間——臥室後，覺得裡面很模糊，而鏡子裡什麼都看不到。這位學員長著中國典型好男人的臉，他的意象或許顯示他很在意家人，努力為家人而活，但遺忘了自己，所以鏡子中看不到自己。

第二位是女學員，她說，想像中一走進樓梯，就感覺到非常悲傷；進入房子後，覺得很孤單；而進入臥室後，在鏡子裡看到的是一具骷髏。

很多心理學專業人士，如北京林業大學的心理學教授朱建軍和廣州的資深心理諮商師榮偉玲都發現，骷髏，是中國女性常見的一種內在意象。《西遊記》裡的白骨精是這一意象的經典表達。骷髏，意味著缺少血和肉，而情感就是血和肉，也就是說，有這一意象的女性在成長中，特別是童年時期，缺乏情感的滋養。這位女學員在練習中體驗到的悲傷和孤單，也源自此。

第三位也是女學員，則從鏡子裡看到了一個女鬼。鬼，常意味著我們意識上徹底不能接受的壞自我或壞客體，而女鬼的鏡像，則意味著這位女學員不接受自己一些特別重要的人格部分，它們因而滑入到潛意識的黑暗中，而成為鬼。

我在新浪微博上公布這個練習後，有至少上千名網友分享了他們的練習過程，我簡單做了歸類整理。直觀的統計發現，覺得這個練習令人恐怖的占了多數，其中少數網友因為恐怖感而拒絕做這個練習。

練習中頻繁出現的意象，則有如下幾類：

一、看見自己，並且自我與鏡像相互接納。

如三位網友的分享：

• 看到自己平靜的臉。
• 一個略豐滿的裸體女人，感覺是我自己。
• 一直充滿好奇和新鮮感，略帶緊張，看到鏡子裡的自己很羞澀又很親切。

假如太平靜，在整個練習中都不是很有感覺，那看到自己，或許意味著沒進入狀態。假如滿有感覺，而從鏡子裡看到真實的自己，這意味著一個人的外顯自我和內在自我比較一致。

二、看見理想的自己。

如兩位網友的分享：

• 看到一盆開得燦爛的花，還有頭戴皇冠、穿得很青春的自己。
• 鏡子裡面的那個傢伙長得真是太帥了，讓我都想舔鏡子了。

這種情形，我在課上沒遇過，所以不敢輕下判斷。其實我的分析也是猜測和假設，關鍵是練習者自己與鏡像的對話。

正好，一位網友問道，如果鏡子中看到的是「希望變成的自我」，這意味著什麼？我建議她和鏡像對話，結果她分享說：

我問她，我真的可以變成這樣嗎？她說，我在將來等你。但是，整個形象挺模糊的，我看不清楚。

裡面的我笑得挺自信的，但我覺得自己不大自信。與遇到對自己重要的事情就會覺得很緊張的自己不同，感覺她不管遇到什麼事情都會平靜地面對。

我想要去擁抱理想的我。第一次她笑得很恐怖，幻化成各種怪物，一瞬間，背後涼颼颼地。那一刻我覺得，將來的自己有可能會變成這樣。第二次是我們之間橫亙著無法跨越的距離，我想要走過去接近她，結果整個人往深淵下掉。第三次是她走出來，我們剛擁抱的那一刻，她是冰冷的，然後破碎了，現實的我出現了。

這是一個細緻的、與鏡像中的自我意象對話的過程。從中可以顯示，這個理想自我，很可能是對現實自我不接納而想像出來的結果。

三、看見自己，自我與鏡像相斥。

如兩位網友的分享：

- 這是一個小的衣帽間，看到了全身赤裸的自己，表情很漠然。
- 我只看到了自己，而且感覺不太好，我不想待在這兒。

四、看見小孩。

看見小孩，如嬰兒、小男孩、小女孩等。那意味著在碰觸自己的內在小孩，這是最生動、最有情感的意象之一。如四位網友的分享：

- 一個小女孩，沮喪而且無能為力。旁邊還有個女孩陪伴著我，是我的妹妹。
- 一個五官模糊被裹成一團的嬰兒。我看到這個意象後，恐懼得牙齒一直在發抖！武老師，那嬰兒是我嗎？
- 是一棟破舊的木房子，一共兩層樓，樓梯踩上去咯吱咯吱響。鏡子裡的我小小的，坐在地上，頭埋在膝蓋裡。周圍很多舊東西，裡面有我的回憶，我想去抱抱她、親親她，卻有點害怕她身上冰冷的感覺……
- 看到一個被人抱走的小女孩，應該是我自己，是六歲那年爸媽離婚時被叔叔抱去奶奶家的我。

這是童年的記憶與體驗，直接從潛意識或心中投射到鏡子中，如很直接的回憶一般。有小孩意象的，可以試著有耐心地和意象對話，逐漸靠近，這應該不是一個很有挑戰的過程。如果是自己與小孩意象擁抱，或自己作為大人去治療自己的小孩意象，這會是很好的自我治療。

五、看見身體的某一部位。

如有網友看到「紅色的唇」。

六、看見女巫，或老女人。

如兩位網友的分享：

- 睜開眼做這個過程的時候，看見的是巫婆的臉；閉上眼做這個過程的時候，看見鏡子裡是那個笑得陽光般燦爛的自己。
- 一個衣衫襤褸、瘦骨嶙峋的老太太。

女巫是很常見的意象，常是對童年時，關於媽媽的體驗的一種表達。童話中的所有女巫，都可以說是對媽媽或其他女性撫養者的表達，而且常見的是壞女巫，這是對媽媽身上壞的一部分的表達。當然，這個壞，是我們作為孩子的體驗性感知，並不意味著，媽媽就是不好的。好女巫，則是對媽媽力量的一種感知。

鏡中看到女巫，並覺得那像是自身一部分，或乾脆就是自己，這也可以說是對自身女性特質的一種理解，常來自對媽媽的認同。

七、看見動物。

如四位網友的分享：

- 一個類似土撥鼠的小玩意兒，棕色的，可以想像那個門有多小。
- 看見黑天鵝。
- 一會兒是我今天的樣子，一會兒是一頭獅子。
- 灰黑色的大狼。

八、看不清楚。

如一網友所說，看到了「白茫茫的一片霧」。這可能是因為對自我缺乏認識。

九、一片漆黑。

一網友說：「進入房間是深幽的黑。」黑，可能是霧的升級版，意味著意識之光幾乎還不曾照進潛意識。

十、恐怖或恐怖之物。

如三位網友的分享：

・感覺房子附近沒有人，黑洞洞的，樓梯間有窗戶，可以看到外面白色的月光，客廳裡有暖黃的光，房間有點暗，鏡子裡是黑白混雜的不知道是什麼的東西，挺嚇人的，感覺是恐怖本身……

・先是看見面目猙獰的自己，但一秒鐘後是她深深地悲傷的樣子，很心痛。

・金碧輝煌的客廳，極黑的小房間，骷髏，但是有顆跳動的紅心，有光照進來，光照到的地方，好像有血肉生成。

第一位網友的分享，讓我想起了張曉剛的一幅畫。或許，能配得上「恐怖本身」這個詞的事物，只有讓嬰兒獨自待著時的體驗，那時一切外在和內在之物都是恐怖，都像是死亡。

第三位網友的分享很經典。金碧輝煌的客廳，意味著一種表面的喧囂、熱鬧與繁華。而極黑的小房間，是自己的內心藏著一個嚴重缺乏情感滋養的骨架，但好在有一顆跳動的心，並且意識之光照進來，就可以看到一些被忽視的血肉，即情感。這位網友，可以試著有意識地想像，讓光一寸寸地照亮整個骷髏。

十一、鬼。

如三位網友的分享：

- 長髮白衣女鬼，不過是在小房間的左側，並非在鏡子裡，一進門就看到了。
- 鏡子裡看到全是帶血的臉，像鬼片一樣。小房子裡到處都是灰塵，髒亂。
- 看到一個上吊的女人。

第一個網友的女鬼意象，或許是童年時的重要客體，譬如對壞媽媽的感知。第二個網友看到的血臉，可能是被遺忘的受傷感的表達。

鬼，一般是各種意象練習中都容易出現的東西，它是我們對一些不能接受的壞自我以及壞他人的象徵性表達。

十二、惡魔與天使。

如五位網友的分享：

- 看到了惡魔，然後又看到了天使。
- 一個狡黠漂亮的直髮女子，一開始對我眨眼睛，後來她身後出現一個黑色的猙獰的魔鬼，魔鬼想要威脅她；沒想到這個女人一點都不害怕，還能和魔鬼相處。最後魔鬼變好了，甘願當女人的僕人。
- 我在鏡子裡看見一個怪物，像牛魔王似的東西。

• 一個瘦弱的小魔鬼，它說，你要不時來看看我。我說好。我感覺它是我內心深處的負面情緒，一旦情緒得到宣洩，它就會轉化成天使精靈，這應該是一股生命的動力吧。
• 看見一個魔鬼，渾身燃燒著火焰，噴出的火像是要吞沒我。我驚愕地對著鏡中的我問：「你怎麼了，你怎麼這麼慘？」感覺鏡中的魔鬼自我有可憐的一面。魔鬼猙獰、掙扎、憤怒，又無力，對我說：「我怎麼這麼慘，我恨你。」我覺得魔鬼口中的「你」指的不是我，而是父母和其他人。

惡魔與鬼看起來類似，但在我的理解中，它們很不同。鬼，是一些可怕的體驗；而惡魔，則像是我們原始的活力。只不過，活力沒有被看見時，它就會變成惡魔；而一旦被看見，就會變成天使，或者變成我們自身的力量。

什麼是活力呢？用佛洛伊德的話來講，它有兩部分，性欲和攻擊欲。牛魔王，或是性欲的象徵。第四位網友清晰地感覺到，其小魔鬼是「內心深處的負面情緒」，看起來是憤怒，而一旦轉換，即成為「一股生命的動力」。第五位網友說的魔鬼，則是憤怒的升級——仇恨。

十三、理想人物。

如兩位網友的分享：

- 周潤發一邊摳腳一邊包餃子。
- 我看到鏡子裡的是我偶像。

這類似於「理想的自我」。

十四、未來的自己。

一網友說「我看到鏡子裡，我披著婚紗坐在那裡」，這代表的就是一種重要的渴望吧。

真要歸類的話，意象的種類還會有很多很多。對此感興趣的朋友，可以讀讀朱建軍的《意象對話》一書。

針對以上這些意象，我做了簡單的解讀。解讀時，我常使用「或許」、「可能」等詞，因為我真的並不知道確切意思是什麼，這都取決於做練習的人自己的解讀。

解讀的辦法，是和意象進行對話。先站在自己的角度，看看自己想對鏡子裡的意象說什麼，然後代入意象的角色，看看意象想對自己說什麼。如果有對話，就不斷進行下去。

同樣，如果感覺到這個對話很嚇人，不要勉強，就停下來。這個對話過程最好有專業人士陪伴。如果沒有專業人士陪伴，有一個自己信任的、溫暖的朋友或親人在旁邊也可以。或者，在身邊放一個自己特別喜歡的東西，當自己被嚇著時，它可以安慰自己。

如果對話能流暢進行下去，那你就會發現，那些可怕的意象是可以因你的對話而發生很好的轉換的。其實，這就是將意識之光照進潛意識的必然結果。

如一位網友的詳細練習過程：

看見「鬼」的形象（慘白、扭曲的臉，嘴巴很紅），和它對話，它說它是我。問它為什麼是那個樣子，它說是因為曾受到傷害，所以長出了那些不好的東西。我問怎麼才能變回我的樣子，它說需要溫暖和愛。我說具體是什麼，誰來給予溫暖和愛。我看它，它看我。然後我心裡掃描，誰能給予溫暖和愛。

我想到了媽媽，然後又覺得不是媽媽，因為媽媽愛的是我，不是鏡子中的它，媽媽不認識它。然後我想，我可不可以試試，我可不可以試試抱抱它，並且把這些講給它聽。它看著我，想了想，同意我抱抱它。

我們擁抱的時候，我感到它「長出」來的東西在消融，它變得和我愈來愈像。慢慢地它開始融入我。最後它完全融入我了，我變得更飽滿。

但是好像有一些什麼東西，我還是不能承受，我不知道是什麼。

然後，我又重複上臺階、開門、進客廳、開小門、進房間、看鏡子。我看到了一張乾裂、掉渣的臉，就像乾涸的土地，其中有一塊，從臉上掉了下來。我就不想再往下感受了。

這是非常生動的轉換過程，並且能看到，一旦轉換成功，「我變得更飽滿」。但還是有一些東西，這位朋友不敢碰觸，所以在練習中停了下來。

另幾位網友的分享也很有意思：

- 一頭張著血盆大嘴的熊衝過來，然後停在我面前，收起尖牙利爪，做出很萌、很溫和的樣子望著我搖擺。
- 走到鏡子前的過程中心裡頭有點發緊，雖然四下都灑滿了陽光，打開門後還是不太敢看，剛開始很模糊，貌似人身動物臉，動物臉一會兒豹子，一會兒兔子。之後是清晰的，一襲黑裙、烈焰紅唇的高冷女王，背景是教堂——看來是禁欲太久了。
- 某一天晚上，全身放鬆，我對自己進行了這樣的心理冥想，確實看到了一個人，至今仍然清晰可見，那是對自我的認知。剛開始會拒絕、會害怕，但是慢慢看著它，接納它，發現最後它會綻放微笑。那感覺真的很奇妙！
- 試過三次，最終戰勝恐懼打開了門。血眼、黑骷髏，張開雙臂似乎在歡迎我，並且張嘴大笑。我很害怕地睜開眼。平靜後試了第四次，擁抱了它，它完全沒有傷害我的意思。就像在擁抱另一個自己，彼此懂得對方，有不需要語言的極致默契。我們漸漸融合，內心平靜，似乎都不再孤單。
- 和鏡子裡吊著的女鬼說話，她說這麼吊著很久了，很難受。我居然不怕她了，就是覺得很替她難過。

・嘗試著問她：你開心嗎？她不回答。嘗試擁抱她，很開心，結果眼淚流了下來，最後告訴她：我會好好保護你！愛你！

在諮商中，有很多來訪者會講到他們的可怕意象。譬如有位來訪者總覺得有鬼跟著他，我讓他將這個模糊的鬼意象在視覺上清晰化，和它對話，結果這個鬼意象最後和他合二為一。後來他在表達憤怒和攻擊性上容易多了。因為這個鬼，很可能就是被他意識上嚴重拒斥的攻擊欲。還有一來訪者，她總覺得家裡有一個可怕的殺人狂跟著她，我讓她安靜下來，和這個「殺人狂」對話，結果剛一對話，這個「殺人狂」立即就變得和善了很多，對她說「我不會傷害你，我一直在保護你」。

隨後她還明白，這個「殺人狂」一直跟著她，大大地減輕了她的孤獨感。

從一九九二年學心理學到現在，我聽了太多故事，也見了形形色色的人，我的確相信有一些特殊的東西存在。但絕大多數情形下，我們的夢中、意象對話練習中、生活中常出現的可怕意象，其實都是曾經讓我們不能承受的體驗轉入潛意識的結果。碰觸它們，與它們對話，讓它們意識化，會給我們帶來很多好處。

它們是你內心的一部分，不必太害怕它們。

夢，幫你吹散心靈的迷霧

意識上，我們喜歡自欺。戀人甩了自己，你說：「我才看不上她！」一場八年的戀愛結束了，過程和結果都不堪回首。於是，你盡量讓自己不去回憶那八年，彷彿這八年未在你人生中出現過。

上司批評你，你笑著承受。回到家後，你對孩子發了一大通脾氣。收入不如意，你愈來愈喜歡和收入比你低的人做朋友，因為在和他們進行比較時，你覺得很舒服。

在一個城市遭遇了太多痛苦，你一逃了之，去了另一個城市開始新生活……

這一切都可以理解，畢竟痛苦的時候，我們需要一些扭曲的方式讓自己感覺舒服一點。不過，如果自欺成為習慣，你的人生勢必會變成一團迷霧，你不知道身在何處，也不知道該去向何方。於是，你總是做一些莫名其妙的事情，彷彿有什麼力量在牽著你，讓你總是一而再、再而三地犯錯。

這個時候，你需要從潛意識中去尋找答案，因為潛意識從來不自欺。夢，是讓我們深入潛意識最便捷、最有效的途徑。

莊周夢見自己化為蝴蝶，醒來後恍惚間不知是莊周這個人做夢夢見了自己變成蝴蝶，還是蝴蝶做夢夢見自己變成了莊周。

「莊周夢蝶」這個故事之所以流傳千古，打動無數人，可能是因為我們都隱隱約約地感覺到，自己在夢中反而更清醒。

心理諮商師榮偉玲贊同這種觀點，她說：「在夢中，我們更真實。夢是潛意識的展現，而潛意識永遠不會欺騙我們。相反，為了感覺好一點，我們的意識會故意欺騙我們。」

「不要羨慕從不『做夢』的人，」榮偉玲說，「夢是潛意識的完美展現，是我們了解自己潛意識的最便捷的通道，那些從不做夢的人，就失去了和自己的潛意識進行溝通的機會。」

每個人都做夢，習慣上所說的「我做了夢」的意思是「我記得我做了夢」，而「我沒有做夢」的意思是「我不記得我做了夢」。

和潛意識進行溝通的價值在於：潛意識從不欺騙我們，而意識卻要製造種種迷霧。這些迷霧會讓我們在短時間內感覺到很舒服，但卻經常會把我們引入更深的陷阱。並且，我們在陷阱中，一方面感到痛苦無比，另一方面卻掩耳盜鈴地說，這裡太美好了！我在這太幸福了！

要吹散這些迷霧，夢是最好的途徑。

更重要的是，夢遠比我們的意識更富有洞察力和創造力。「每個人可能都有這種體驗：自己在夢中作了一首無比美妙的詩、曲，只是醒來後卻忘記了。」榮偉玲說，「夢的創造性遠不只是這種表現，它遠比我們以為的更有智慧。」

「學習聆聽你的夢吧，」榮偉玲感嘆說，「你可以從夢中，找到你人生中的許多答案。」

自欺：我會和丈夫白頭偕老

許多人自欺主要是為了更舒服，但也有許多人自欺是為了傷害自己，因為這些人沒有學會自愛，他們意識上以為自己只配過糟糕的生活，但如果他們懂得聆聽夢的啟迪，他們會明白，他們並不甘心，他們渴望而且也有能力享受生活。

三十歲的阿雪是位傳統女性，卻陷入一場婚外情不能自拔，於是來找榮偉玲做心理諮商。

阿雪很漂亮，但她認為自己很醜。之所以如此，是因為她的爸爸從小就嘲笑她難看，不如班上的某某同學，也不如隔壁家的女孩。此外，爸爸也總罵她蠢、笨、懶，什麼都做不好。

最親密的人一直否定自己，這給阿雪造成了不可估量的影響。曾經有一個名叫阿成的碩士追求阿雪，他又帥又能幹，又愛阿雪。在別人看來，他們是很般配的一對。但是，阿雪沒接受他，而是在二十五歲時嫁給了一個大她十歲的離婚男人。

「阿成對我很好，」阿雪回憶說，「但我總覺得，他只知道我漂亮，而不了解我，如果他了解了我，一定會不要我。」

也就是說，她覺得自己配不上阿成。結婚四年後，她又與阿成相遇，這時阿成雖然也結婚了，但對她的感情仍在。兩人很快擦出火花，再次陷入熱戀。這讓阿雪陷入了分裂。一方面，她認為婚外情很罪惡。另一方面，她又無法克制自己。每次與阿成說再見時，她會對自己說「這是最後一次了」。但當下一次阿成約她出來時，她又根本控制不住自己。除了感情，也有性的誘惑，因為丈夫有陽痿，他們已經兩年沒有做過一次愛了。

剛開始這段婚外情期間，阿雪總做一種奇怪的夢，夢見她丈夫也有了婚外情，而且每次做夢時，丈夫的外遇對象都不一樣。

這並不奇怪，榮偉玲說，這種夢有保護作用。因為她的自責太強烈了，而夢見丈夫有婚外戀，會有一種平衡作用，讓她適當減輕對自己的指責。阿雪也承認，每次從這種夢中醒來，她都有一種如釋重負的感覺。

另一點奇怪的是，儘管她愛情人，但在長達半年的時間裡，她一次都沒有夢見過阿成。

這其實是一個假象，她的罪惡感太強，所以根本不容阿成以他本人的形象出現在她的夢中，但實際上，阿成幾乎出現在她的每一個夢中，只不過都是以一種婉轉的方式。譬如，她夢見丈夫，但他卻穿著阿成的上衣；她夢見一個小女孩單獨一人去了她和阿成約會過的地方；她夢見自己去了阿成的家……這些夢，都是對阿成的掛念。

治療早期，阿雪做過一個嚇人的夢：

一個女友的家門打開，許多人抬著兩張擔架進來，一張擔架上是阿雪，另一張擔架上是她丈夫，兩人很老很老，已經瘦得皮包骨頭。突然間，丈夫伸出瘦骨嶙峋的手，去抓阿雪的腳。

夢做到這兒，阿雪被嚇醒了。在諮商室裡，榮偉玲問阿雪：「你怎麼看這個夢？」

「夢告訴我，我會和丈夫白頭偕老。」阿雪不容置疑地說。

真相：我和丈夫的關係是病態的

榮偉玲知道這個夢的意義，她也知道前面那些夢的意義，但不急於點破，她相信隨著治療的進展，阿雪自己會明白這些夢的意義。她對阿雪說：「我的解釋不重要，重要的是你的解釋，你現在認為和丈夫白頭偕老很重要。」

阿雪很漂亮，但她爸爸硬說她醜。阿雪相當聰明，但她爸爸硬說她笨。爸爸出於自己的需要在女兒周圍製造了一團又一團迷霧，阿雪最終也陷入這些迷霧，不知道自己究竟是一個什麼樣的人。婚外情除了讓她有罪惡感，也讓她有恐懼感，她非常害怕離婚，怕丈夫不要她，她的工作是丈夫給她找的，她認為自己離開丈夫就活不下去。阿成愛她，但她擔心真離了婚，阿成萬一不要她，她就完了，「不會再有男人喜歡我，到時工作又丟了，豈不是什麼都沒有了。」

「重要的不是做什麼，選擇什麼，」榮偉玲說，「重要的是你的自我欺騙實在太多了，根本看不清楚自己身邊的真相。」

心理治療的最大價值之一就是，幫助來訪者消除一些病態的自我欺騙，從而認識到真相。榮偉玲和阿雪探討了阿雪的童年，讓阿雪明白了自己的自卑究竟是怎樣形成的。並且，每過一段時間，她都讓阿雪做一下自我評價。一開始，她的評估是「醜」和「笨」。但隨著治療的進展，她的自我評價變成了「漂亮」和「能幹」。

榮偉玲建議阿雪去嘗試一下應聘，看看自己是不是真的找不到工作。結果，阿雪發現，找工作並非一件難事。

最後，榮偉玲問阿雪：「你還記得那個夢嗎？你和丈夫分別躺在一張擔架上。你現在怎麼看這個夢？」「記得！」阿雪斬釘截鐵地說，「這個夢告訴我，我和丈夫的關係是病態的。」

是的，擔架、瘦骨嶙峋……這個噩夢的每一個資訊都在說，這個關係是病態的。並且，這個夢有啟示意義，它在說：「如果兩個人都老了，你們的關係就是這個樣子。」

此外，瘦骨嶙峋也象徵著阿雪和丈夫之間缺乏感情與性的滋養。

「感情差到極點，一些女性會夢到自己和配偶化作了白骨。」榮偉玲說，「《西遊記》中『白骨精』的形象之所以深入人心，成為小說乃至中國文化中令人印象最深刻的妖怪之一，就是因為這個形象挑動了很多人的心弦——我們自己就是白骨精。」

自我意象即潛意識中對自己的認識。在講課時，榮偉玲會在催眠狀態中讓學員去探察自己的自我意象。

榮偉玲說，她講課時發現，每五、六十個學員中就有兩三個女性的自我意象是「白骨精」，有時也會夢見自己化為骷髏，而這些女性無一例外都是與丈夫的感情嚴重缺乏滋養。

阿雪夢見自己和丈夫都是瘦骨嶙峋，說明他們的關係還沒有進入最匱乏的狀態。此外，丈夫的手伸過來要抓阿雪，這其實是潛意識在告訴阿雪，雖然她意識上認為是自己怕離開丈夫，但實際上是丈夫怕離開她。後來的事情也證實了這一點，當阿雪提出離婚時，丈夫堅決不同意。

夢具有非凡的洞察力

我們天生都有憑直覺洞察到真相的能力，但是，因為家庭、學校以及社會都教育我們按照理性做事，最終讓我們喪失了大部分來自直覺的洞察力。

不過，夢會輕易突破這些理性的教條，而直接洞察到真相。

A和B相識，討論彼此在事業上的合作。A對B的印象很好，因此決定把B當作自己事業上的夥伴。

相識的當天晚上，A做了這樣一個夢：

他看到B坐在他們的辦公室內，正在翻閱帳本，並篡改了帳本上的一些數字，以掩飾他挪用大量款項的事實。

「這不過是一個夢罷了。」醒來後，A對自己說。他還是決定相信自己的推理和判斷，與B合作。

但一年後，A發現，B真的擅自侵占了大量款項，並做了很多假帳。

這是心理學家弗洛姆提到的一個夢。

普通人會認為，這個夢是預言，譬如冥冥之中有某種力量告訴A，不要和B合作。但弗洛姆認為，所謂的冥冥之中的力量其實就是我們的潛意識，或者說直覺、本能。A的潛意識實際上發現了B並不可靠，但或者是B用花言巧語和表演功夫欺騙了A，或者是A不允許自己輕易懷疑一個人。所以，他的意識遮罩了潛意識的洞察。但是，潛意識知道和B合作很危險，於是又在夢中明確無誤地提醒了A，可惜還是沒有被A接受。

「對於普通人而言，只有在夢中，潛意識才有機會自如地表達，而平時潛意識都被壓抑下去了。」榮偉玲說，「所以，如果希望與潛意識對話，我們一定要重視自己的夢。」

夢也會給你天馬行空的洞察力

阿玫的嫂子去世了，留下一個六歲的兒子，她哥哥想再婚，並且已經認識了一個讓他很滿意的女子。

第一次見到未來的嫂子時，阿玫感到很欣慰。因為她對哥哥好，對未來的公公婆婆好，對六歲的侄子也照顧得很周到。但是，阿玫也隱隱覺得未來的嫂子有些地方讓她難受，但她說不出這到底是為什麼。

結果，當天晚上阿玫做了一個夢：

六歲的侄子小舟在四樓的陽臺上蹦跳玩耍，陽臺搖搖欲墜，阿玫一隻手拉住陽臺的門，一隻手把他拉住。但小舟還是使勁兒蹦，阿玫覺得自己快沒力氣了，這時發現家裡出現了一個不認識的女子，阿玫求這名女子幫她一下。她答應了，和阿玫一樣，一隻手抓住陽臺門，一隻手抓住小舟。

這時，陽臺掉了下去。阿玫很開心，畢竟侄子牢牢地被她們抓在手中。但就在這個時候，那名女子鬆了手，阿玫意料不到，無法抓住侄子，眼睜睜看著小舟掉了下去。

「不……」阿玫大喊著，流著淚從夢中驚醒。

這是潛意識在告訴阿玫，家裡出現的這個陌生女子——她未來的嫂子，並不可靠。她用禮物、甜言蜜語和周到的照顧，贏得了阿玫家裡所有人的好感，但是她內心中並沒有接受阿玫的侄子，而阿玫憑本能捕捉到了這一資訊。

這一點很快得到證實。第二次回家時，哥哥對阿玫說：「我打算再要一個孩子，畢竟小舟不是親生的。」哥哥顯然是在替未來的妻子說話，而且顯然未來的妻子已得到了他的心。「小舟不是親生的」，他甚至都不願意費心在這句話中加一個「她」字，這表明他完全和未來的妻子站在一起，並開始疏遠兒子。

這樣的事情比比皆是。

一個女孩見到了自己的偶像——一位知名作家，當時她興奮得渾身發抖，但晚上她做了夢，夢見一個醜陋、不講理的小孩子穿著作家的衣服。醒來後，她感覺這個夢讓她有羞愧感，好像是背叛了偶像似的。但實際上，這正是她的潛意識對這名作家本質的洞察。

又如，一個男孩遇見了一個其貌不揚的女孩，他喜歡她，但有點嫌棄她不夠漂亮。晚上，他做了一個夢，夢見她和很多女孩站在一起，比誰都漂亮。這是潛意識的洞察，潛意識告訴他，這個女孩比誰都「美」，要珍惜她。

「所謂的洞察力，都來自潛意識，所以我們總說洞察力彷彿來得沒有任何理由，因為理由是意識層面的東西。」榮偉玲說，「只有那些善於與潛意識進行溝通的人，才會經常有天馬行空的洞察力。」

「如果你不是一個有洞察力的人，那麼就多聆聽你的夢吧。」榮偉玲說。

你尋找，夢就會告訴你答案

解析夢的時候，有一些規律可循。

常夢見龍、佛，意味著一個人道德感很強，對自己要求比較苛刻，而且容易壓抑自己的欲望。

常夢見堅固的城堡，意味著一個人的人格結構很完整，但也可能是太僵化。

不是學生的人常夢見考試，而且成績很糟糕，經常得零分，也意味著道德感和責任感很強，不斷地要考驗自己是否是一個夠道德、夠負責的人。

夢見電閃雷鳴，意味著一個人內心中起了風暴。

常夢見在去機場、車站的路上遭遇種種阻礙，意味著一個人在自我發展上遇到了一些麻煩。

夢見打撲克牌，有無數好牌卻拿不住，而且順序總是亂七八糟怎麼都整理不好，意味著好的選擇很多，但沒有處理好。反之，則意味著處理得很好。

女子夢見梳頭髮，卻怎麼都梳不好，多意味著感情遇到麻煩。

……

還有很多時候，不需要分析，就可以憑直覺知道答案是什麼。如果一時不明白，不妨等兩天，答案往往會自動在夢中出現。

你等待，夢也會自動告訴你答案

一天晚上，一個經常對自己的夢做分析的諮商師，做了一個夢：

漆黑的晚上，他路過在農村的舅媽家門口，這時，一個聲音對他說：「答案，就在這裡。」

他的舅媽五十一歲就腦溢血去世了，這是一個噩夢，令他馬上醒過來，但身體無法動彈，彷彿被什麼東西給死死地壓住了。同時，他覺得渾身在震顫，那種難受至極的震顫感一浪接著一浪，從頭震顫到腳，然後再從頭震顫到腳。

約過了一分鐘，他的身體才重新可以聽他意識的指揮。

接下來一、二十天的時間，他晚上經常夢魘。慢慢地，他不再恐懼了。但是，他仍然想不明白，答案是什麼。

過了兩天，他又做了一個夢：

黑得伸手不見五指的晚上，一條金色的、會飛的蛇追他，他沒命地逃。又跑到舅媽家，門打開了，舅媽伸出手，把他一把拽進門，接著立即關上門，那條金色的蛇被關到了門外。

他一下子醒過來，立即明白了「答案」。很簡單，蛇是媽媽，他媽媽是屬蛇的！幾乎在這一瞬間，他頓悟了許多事情。他一直在分析自己的童年，但卻一直沒記起一個細節：從記事起，他就經常作為不幸的媽媽的傾訴對象。

孩子是最糟糕的傾訴對象，他們沒有能力幫大人面對問題，也無法排遣大人傾訴時轉嫁過來的情緒。這名心理諮商師也不例外，所以，他要逃，而舅媽家是他的「避難所」。他經常去十多里地外的舅媽家，一待就是十天半月。舅媽做的飯很難吃，與他媽媽相比，堪稱一個天上一個地下，但這並沒有影響他在舅媽家的快樂生活。不過，他和別人一樣，對有點傻氣的舅媽缺乏尊重。

接著，他又明白，他為什麼從不戀家。雖然他一直認為，父母對他的愛和教育是沒話說的，他從未抱怨過，但是從初中就開始住校的他，從來沒有因為離開家而難過一次，每個假期都會爭取早點回學校。

在不斷的反省中，他又悟到了許多事情。舅媽七年前去世時，他得了嚴重的憂鬱症。長久以來，他根本就沒有想過他的憂鬱症與他並不尊敬的舅媽有什麼聯繫，他以為全是因為和女友分手而造成的。現在，他明白，因為沒有去悼念舅媽，他的憂鬱有很大一部分是對舅媽的悼念。

「關於自己的童年，我花了大量時間做自我分析。」這名諮商師說，「我意識上彷彿做好了挑戰父母的準備，但實際上仍然要捍衛『媽媽是完美的』這個帶著點自欺的想法，而夢卻輕易地突破了它，告訴了我一直要找的答案。」

等兩天，答案就會在夢中出現，這樣的事情很常見。

一位女諮商師，最近做了一個夢：

早上，她出現在西安，想吃一碗餛飩。餛飩兩塊錢一碗，但她身上一分錢都沒有。正難過的時候，路上出現了一名男子，借給了她兩塊錢，她才得以買了一碗餛飩。

「這是什麼意思？」醒過來後，她百思不得其解。她從來沒有去過西安，並且她最近做的夢都是她很富有，什麼都買得起，看見漂亮衣服可以買，看見美食也一樣買得起，而且每一次都買得很盡興。

那個男人的面目很難辨認，她想不明白，他是誰。既然想不明白，等待就是了。結果，第二天晚上，她又做了一個夢，夢到了她以前的男朋友。

醒來的一剎那，她明白了，原來第一個夢中的男人就是她的前男友。她已經兩年多沒有夢見過前男友了，這第二個夢之所以夢見他，無非是潛意識要告訴她第一個夢的答案。

明白這一點後，一切疑問都迎刃而解了。原來，她最近要出差，既可以選擇西安，也可以選擇另外一個城市。她已經選擇了另外一個城市，但曾經想過：如果去西安，她就可以看到前男友了。對她來說，這是一個誘惑。

但夢告訴她，最好拒絕這個誘惑。因為，這種感情現在只是一碗餛飩，而且她想吃的話，還得求前男友施捨。為什麼要這麼做呢？夢告訴她，你最近可是不斷做很富有的夢啊，眼前的生活要比西安的誘惑好得多。所以，請打消去西安的誘惑吧！

更有意思的是，第三天，已經兩年多沒聯繫過的前男友透過QQ給她發了一則訊息：最近常想起你，你還好嗎？

「或許真的是心靈感應吧，潛意識感應到未來的這個誘惑，所以接連做了兩個夢，事先提醒了我該怎樣做。」她說。

解夢的最佳人選就是你自己

「提到解夢，很多人認為這是一件很神祕、很困難的事情，而且是專業人員的專利。」榮偉玲說，「實際上，自己才是自己的最佳解夢人，並且解夢也要比我們想像的容易得多。」她說，可能是《夢的解析》中的「解析」誤導了人們，讓大眾以為要靠繁雜的邏輯分析才能把夢分析清楚。但她認為，重要的其實不是解析，而是直覺。夢中的情緒以及你的第一念頭最重要。

譬如，阿雪的「擔架夢」明顯是個噩夢，但阿雪硬要說夢的意思是她想和老公白頭偕老，這個分析在邏輯上就算再完美，也沒有說服力。其實，她老早就知道這個夢的意思，只是意識中害怕面對罷了，而心理治療對她的意義就是，幫助她面對她的心理真相。

並且，榮偉玲認為，夢不一定非要解明白。「夢只要被你意識到，就可以更好地發揮作用了。」她說，「只要你付出了一定努力，夢會自然而然地發展，並最終給你意想不到的幫助。」

前面提到的案例，都證實了這一點。可以說，潛意識像水，它一直都在我們心中流動。如果你順著它，它就會把你帶到正確的地方。但是，如果你硬要和它對抗，你就會遠離它。

榮偉玲從一九九九年喜歡上解夢，她先是隔幾天記錄自己做的那些特別的夢，現在發展到幾乎每天都要記錄夢。

夢來自潛意識，所以很容易遺忘。你或許有經驗，夢見了特別的事情，半夜叮嚀自己一定要記下來。剛醒來時，彷彿隱隱約約還記得，但一睜開眼，就什麼都記不得了。

如果想記錄自己的夢，榮偉玲建議，床頭最好備有紙和筆。但是，當醒過來時，不要翻身，不要睜開眼睛，就保持著剛睡醒時的姿勢，閉著眼睛回憶一下夢裡的畫面，最後形成幾個關鍵字。譬如阿雪的夢就有幾個關鍵字：「女朋友家」、「擔架」、「瘦」、「手」和「抓」。然後，睜開眼睛，迅速寫下這幾個關鍵字，接著再記錄夢境的細節。

「解夢並不神奇，請相信我，如果你已經開始這麼做，那麼你最後會發現，你能從夢中收穫太多的東西。」她說。

心靈感應：超越距離的心靈共振

兩天前的晚上，一個噩夢將我驚醒，夢中我一度淚流滿面，並發出了吶喊：「這個世界為什麼如此可怕！」

約一分鐘後，尚在睡夢中的女友發出了「啊」的一聲。顯然，她也是被噩夢給纏住了。我趕緊將她搖醒，問她夢到了什麼。結果發現，我們兩人的夢展現了同樣的含義。

這就是一種心靈感應吧（又稱心電感應）。這種感應，在我們剛認識不久時就開始了。那時我們還不曾謀面，並且身處兩地，只是透過網路和電話聊過天。一天早上，她從一個可怕的噩夢中驚醒，隨即陷入焦慮和恐懼之中，不能入睡了。我也在快醒來時，做了一個夢。

那天中午，我們聊到了各自的夢，發現我們的夢境絲絲入扣，我的心彷彿是跨越了一百多公里的距離，捕捉到了她的不安感。我們兩人做夢的時間也是緊密相連，她是六點半時醒來的，而我醒來也還不到七點鐘。

數年前發生這樣的事情，可能會引起我的震驚，但現在不會了，因為我從二〇〇六年到現在，已做過很多個有心靈感應的夢。

第一次做比較清晰的這種夢，是在二〇〇六年四月。也是在一個早上，我打開電子郵箱，收到了許久沒聯繫過的初戀女友的電子郵件。她的電子郵件向來簡單，看著她的寥寥數語，我有一種奇特的熟悉感，好像郵件中的句子我早讀過似的，隨即我想起，昨天晚上我夢到過她。

五月，我們簡單見過一次，然後再次斷了聯繫。

到了十月，同樣的事情再次發生，也是我在晚上夢見她，第二天早上打開電子郵箱便看到了她的郵件。

不過，我們再次斷了聯繫。

二〇〇六年年底，又發生了一些事情，過去的感情經歷都被挖出來了，彷彿過去十二年的人生又重新經歷了一次，這讓我感到很痛苦。於是，我決定藉一個簡單的儀式，與過去的所有感情糾葛告別。

儀式很簡單，就是準備兩只酒杯和一個盆子。一杯酒是給自己的，另一杯酒是給前女友的。先斟滿兩杯酒，想像她就在我眼前，然後回憶從相識到分手的每一個印象深刻的細節，等回憶結束後，我將屬於她的那杯酒倒在盆中，將屬於我自己的那杯酒喝下。

做這個儀式的日期是二〇〇七年一月一日。儀式很簡單，但很有用。以前，每當孤獨在夜晚中襲來時，我會忍不住思念以前愛過的女子，那樣就不會那麼孤獨了。但是，做了這個儀式後，我就不能再思念她們中的任何一個人了，似乎有種說不出的牆一般的力量擋在了中間。

一月五日晚，我做了一個印象很深刻的夢，夢見了我的一個高中女同學。我們是好朋友，但這是我唯一一次夢見她。六日早上醒來後，我稍有些納悶，不明白為什麼會突然夢見她。

但六日晚上，在公車上我接到了一通電話，是初戀女友從幾千公里以外打來的。接到她電話的那一瞬間，我渾身猶如被雷擊。

不過，這不是因為接到她的電話讓我有多激動，而是在這一瞬間，我徹底相信了心靈感應的存在。

心靈感應常見於親密關係

我先是明白了五日晚的夢，知道夢見高中女同學，其實就是夢見她，因為我是透過那個同學認識她的。接著我記起了二〇〇六年四月和十月的夢，我明白這三次夢都一樣，都是我在睡夢中感應到了她對我的思念。

原來這就是心靈感應，原來心靈感應確實存在。這三次夢發生時，兩次她是在數千公里之外，一次則是在數萬公里之外。心與心的感應，的確是可以超越空間的。

以前在北京大學讀書時，我一直對傳統心理學所奉行的「科學主義」有些不解。因為，主流的科學主義的標準是「簡單可重複並可量化」，但這主要是從經典物理學中發展出來的，這適合心理學嗎？我認為這是將經典物理學中的所謂「科學標準」強加在心理學上，會阻礙心理學的發展。

可以說，我一直認為自己是非常不贊成科學心理學的。但是，這種不贊成，主要是理性思考的結果。只有在這一瞬間，我才第一次深刻地體驗到了心靈的存在，進而在這一瞬間，完成了從科學主義到心靈主義的轉變。

一旦真的相信了心靈的存在，我的心自然敏感了很多。此後，在我身上頻頻地發生了一些心靈感應事件。

心靈感應在親密關係中應該是普遍存在的，關鍵是，我們是否注意到了它的存在。

我們發現，許多同卵雙胞胎之間會有很強的心靈感應，一個人如果產生了什麼感受，另一個人無論在多遠的地方都會感應到。

還有研究發現，新生兒普遍能感應到媽媽的情緒變化。譬如，有經驗的媽媽知道，當尚在襁褓中的嬰兒哭鬧時，做媽媽的應該自省一下。她們會發現此時自己也處於煩躁中，如果她們想辦法讓自己情緒平靜下來，小傢伙們會自動不哭鬧了。

這只是嬰兒對媽媽心靈感應的一個小例子而已。嬰兒的心靈是純淨的，還沒有被汙染，嬰兒的心靈感應能力是驚人的，細心的人很容易發現這一點。並且，孩子對媽媽的心靈感應能力會一直保留下來，只是愈來愈難以像嬰兒時那樣敏感而直接了。

後來，我參加了一個關於「家族系統排列」的工作坊，來自香港的治療師鄭立峰舉了一個例子說，一個妻子經常對丈夫莫名其妙地發脾氣，他建議這個妻子再發脾氣時，給媽媽打個電話。結果，她發現，每當她莫名其妙地想發脾氣時，她的媽媽都處在痛苦中。

心靈感應也經常出現在文藝作品中，例如名著《簡愛》便安排了這樣一個情節：聖約翰再次向簡愛求婚，簡愛動搖了，這時她聽到了羅徹斯特在呼喚她的名字，於是回到了羅徹斯特的身邊，而羅徹斯特告訴她，那時他的確正在呼喚她的名字。

電影《星際大戰》中也有心靈感應的情節，譬如安納金痛失母親並大肆屠殺沙人為母親復仇時，尤達在許多光年以外的距離，感受到了安納金的痛苦。

一個民族內也存在著心靈感應

以上這些心靈感應的故事都發生在兩個人之間，那麼，有沒有集體的心靈感應呢？譬如一個家庭、一個社會，甚至一個民族的心靈感應，有沒有可能存在呢？

一個全球性的研究證實了這一點。研究者在全球範圍內同時測量許多國家的研究對象的腦電波，結果發現，當重大事件發生時，一個國家，甚至全人類，經常會出現腦電波的共振。

例如，當「九一一」恐怖事件發生時，全球範圍內的研究對象腦電波都出現了劇烈振動。許多研究對象在意識和情緒上並不知道發生了什麼事，但其腦電波仍然出現了劇烈振動。

中國申請舉辦二〇〇八年奧運成功的那一刻，全中國範圍內的研究對象的腦電波都出現了劇烈振動，並且其中很多人同樣不知道到底發生了什麼。

關於集體性的心靈感應，我也有自己的觀察。自從二〇〇五年六月開始主持《廣州日報》的「健康・心理」專欄後，只要能上網，我都會留意一下新浪網的新聞，看看有沒有值得分析的事情發生。

一開始，我留意的都是焦點新聞事件，但後來，我開始關注一種新聞——「殺妻」，男人以為妻子、女友或他迷戀的女子要離開自己或對自己不忠，於是將女子殺掉。

在二〇〇七年夏天前，這一類新聞在新浪網社會新聞出現的機率，一般是一星期兩三起，但到了二〇〇七年下半年後，突然飆升到差不多一天一起。而現在已飆升到一天數起。

這種轉變有一個看得見的關鍵性事件——「山西黑磚窯案」（編按：中國山西的磚窯礦主將外來工人、童工關押在各個窯場，強迫他們從事極高強度的體力勞動，且施以暴力，使得不少工人致殘、致死）。在我看來，可怕到極點的黑磚窯事件的大規模爆發及其處理結果，對我們整個民族的心理造成了極大的衝擊，令瘋狂者更瘋狂，令絕望者更絕望。

德國心理學家艾克哈特・托勒在他的著作《當下的力量》中寫道，地球是一個生物體。借用他的話，也可以說，我們整個民族也是一個生物體，我們彼此之間並非是沒有任何聯繫的獨立個體，而是切切實實、有密切溝通的共同體。並且，這種溝通時時刻刻都在進行，只是我們的大腦意識不到而已。

其實，「殺妻」案件在任何時候、任何社會中，都是最常見的血腥案件。無論歐美還是中國，「殺妻」案件均占了謀殺案的三分之一左右。

為什麼「殺妻」案件如此普遍呢？心理學的經典解釋是，這些男人多是偏執狂，而偏執狂普遍懼怕失敗，並習慣歸罪於別人，而最容易被他們歸罪的對象，就是他們最在乎的妻子或女友。譬如，邱興華便是在感到人生無路可走時，才對妻子動了殺機，這裡面藏著的邏輯是「不是我邱興華不行，是你這個女人讓我沒有了活下去的勇氣」（編按：邱興華殺人案是發生在中國陝西省的一起連續殺人案件）。

心靈感應是家族系統排列的神祕動力

這是一個具體的「殺妻」個案的邏輯，但當「殺妻」案件有飆升跡象時，這可能就是一個信號，透露著我們這個民族生物體出現了一些問題。

「殺妻」案件的變化是一個信號，而最近幾年的焦點新聞的轉變也是一個信號。

二〇〇七年夏天之前，是病人「瘋」了。從二〇〇五年到二〇〇七年夏天，焦點新聞事件的肇事者，一直是明顯有心理問題的個體。二〇〇七年夏天過後，是有權勢者「瘋」了，典型的如黑磚窯事件、周老虎事件和南京彭宇案等。

進入二〇〇八年後，則是大家都「瘋」了，暴風雪、地震和股災等一系列災難性事件令我們所有人都捲入了旋渦中。

可以說，之所以是病人先「瘋」掉，是因為他們更敏感。相比普通人，他們的自我結構更脆弱，安全感更低，所以更容易捕捉到不好的資訊，於是先集體爆發出問題，進而先行成了焦點新聞的主角。

對於二〇〇五年以來的新聞焦點的總結，這只是我個人理性分析的結果，缺乏感性體驗的證實，所以未必正確。不過，我在鄭立峰老師的家族系統排列工作坊中，也切實而深刻地體會到了集體心靈感應的威力。

家族系統排列是海寧格創辦的一種團體治療方法，一般有多人參加。當給某一個人做治療時，會先讓他簡單講述想解決的問題，然後由他自己或老師在團體中選擇扮演他的家族成員「代表」。

接下來，老師會讓「代表」們依照自己的感覺走到最合適的位置上，而「代表」們所組成的整幅畫面，以及每個「代表」的感受，便揭示了當事人整個家族的問題。

最後，可以透過改變「代表」們的位置和疏通代表們的感受，實現改善當事人的心理衝突之目的。

儘管已熟讀海寧格的著作《誰在我家》，並在我的專欄中推薦過這本書，但這是我第一次參加家族系統排列的工作坊。

週六上午的前兩個個案比較沉悶，我甚至都有了吃完午飯就撤的念頭，但第三個個案令我感到極度震撼。

這是一個很嚴重的個案，當事人有劇烈的內心衝突，並有殺人的想法。不過這並不是令我感到震撼的原因，我之所以被震撼，是因為扮演「我」的「代表」和當事人的那種細緻入微而又無比敏銳的心靈互動，當事人的任何一點心理變動都會引起「我」對他的不同的感受，而這種感受又非常自然。

以前，我常形容那種心靈單純至極的女子：就像一個小鈴鐺，怎麼敲就怎麼響，不同的敲法一定會引出不同的響聲。

那麼，這個扮演「我」的「代表」，就可以說是大鈴鐺了。其他「代表」以及當事人的任何一個變化，都會使他發出不同的「響聲」。

神祕力量將我推到合適的位置上

或許是當事人的開放和勇氣、扮演者的敏銳和堅定、老師的從容與淡定等諸多因素加在一起，那個場的能量實在太強了，我的身體也經常感受到一陣又一陣，強度不一的悸動。而我觀察到，每當我的身體出現反應時，當事人和那個扮演「我」的「代表」都有強烈的情緒反應。

我還做了一個實驗：閉上眼睛。那種悸動仍會襲來，隨後我立即睜開眼，發現當事人和「我」一樣，有強烈的情緒反應。

這是我可以觀察到的三個人的心靈感應，但我相信，這絕非是局限在我們三人當中，至少這應屬於我們在場所有人的一個集體心靈感應。

鄭老師則說，這甚至都不只是工作坊當中的感應，也是當事人和他的家族成員的感應。他說，許多家族系統排列的個案顯示，工作坊「代表」們的感受似乎能夠被當事人的家庭成員感應到，「代表」們的改變也會自動引起相應的家庭成員的改變。

週日，我也有幸被邀請扮演了一個「代表」，並因而體會到了系統排列的力量。

這不是一個家庭的個案，而是一間公司的。當事人是一名CEO，他選擇了數名「代表」分別扮演他的重要屬下。

當數名「代表」根據自己的感受找到位置後，一致感覺系統中還「空」了一個人，也就是說一個重要人物沒有被當事人排進來。當事人則說，的確如此，他以前有一個重要的下屬，但一個月前剛辭職，所以他本以為不必將他排進來。

於是，鄭立峰老師指定我來做這個下屬的「代表」。本來沒什麼感覺的我，一走進「代表」們圍成的場中，立即有了清晰的感覺，並順著這種感覺走到了一個位置上。

我一走到這個位置上，其他「代表」都說舒服了很多。

量子糾纏現象證明訊息傳遞可不受距離限制

但是，「我」還感覺有一個被當事人忽略的重要角色沒被列進來。這是一個藏在當事人背後的女人。所以，鄭老師讓一名女性做她的「代表」加入進來。

她走進場後，站在「我」的背後。這時，我立即感覺到一種力量在將我「推」向圈外。以前做旁觀者時，我一直不明白，是什麼力量推動「代表」們後退、前進或左右搖擺，但一體會到這種力量，我立即就明白了。我順著這種力量一直後退，當差不多徹底退出小組圍成的圈子後，這種力量就消失了。顯然，這是那個下屬辭職的道理所在。

週日最後一個個案也給了我極大的衝擊。這是一個很詭異的個案，似乎充滿可怕而神祕的力量，很像是恐怖片。假若不是事先已體會到了系統排列的「場的力量」，我很容易會按照自己已有的邏輯，覺得這像演戲，甚至即便感受到了場的力量，我仍然在懷疑是不是一個關鍵的扮演者將個人的感受摻雜了進來。

但是，此時在旁邊坐著的當事人的感受顯示，這不是扮演者的感受，而就是當事人自己的感受。因為當兩個扮演者以一個很詭異的方式站在一起時，一直沒有什麼表情的她，一下子就淚如雨下、泣不成聲。

我們並不明白到底發生了什麼事，顯然這個家庭的關係實在太撲朔迷離了，但鄭老師一直在以一會兒很強硬、一會兒又很溫和的姿態控制著場面，最終他也沒有清晰地點出到底發生了什麼事情。也許他也不知道到底發生了什麼事情，但當事人顯然得到了極大的幫助。

在兩天的工作坊中，我一直將注意力放在自己身上，進而清晰地看出，一些個案之所以喚起了我強烈的情緒反應，是因為我有類似的問題，所以包含著這一類問題的個案毫無例外都會令我淚如雨下。對於這一類問題，我從不曾覺得自己受到了很大的影響，但這些感受告訴我，它對我影響至深。

不過，其他的個案，當可以淋漓盡致地展現出來時，我都會有非常清晰的感受，但沒有強烈的情緒。這時我知道，我只是有了一定程度的心靈感應，但我沒有這類問題。

心靈感應的道理是什麼呢？難道，它只能是不可解的神祕現象嗎？

以前，我見過一種解釋說，這是電磁波的傳遞。由此可以理解，感受可以跨越數萬公里的距離。不過，如果按照這種理論，《星際大戰》中，尤達大師對安納金的痛苦的心靈感應，就不可能了。因為電磁波的傳播速度是光速，安納金的感受要以光速傳遞到尤達大師那裡，得需要不少時間。

當然，《星際大戰》是科幻電影，但感受的傳遞有沒有可能超越光速，甚至徹底不受距離的限制呢？或者，有沒有什麼資訊的傳遞是徹底不受距離限制的呢？

這一點，量子力學家們觀察到「量子糾纏」現象給予了肯定的回答。

所謂「量子糾纏」，即指不論兩個同源的粒子間距離有多遠，一個粒子的變化都會影響另一個粒子的現象。即兩個粒子間不論相距多遠，從根本上來講，它們還是相互聯繫的。

顯然，量子糾纏是不受距離限制的，這就是愛因斯坦所不願意接受的「超距作用」。

同源性愈強，心靈感應愈容易出現

假若意識和感受傳遞的道理類似於量子糾纏，那麼，尤達大師的心靈跨越不知多少光年的距離，同時感應到安納金的痛苦，就是可以成立的了。

更精細的解釋是，每一個粒子會「記住」並「忠於」它在原來系統中的資訊，不管它離開原來的系統多遠，它仍可以和原來的系統同步糾纏。

鄭老師說，海寧格等家族系統排列大師們認為，這也可以解釋家族系統排列的治療道理。當一個當事人將他原來的家族系統呈現在工作坊中時，這個由「代表」們組成的系統也可以和當事人的家族系統「糾纏」了。所以，「代表」們在一點都不知道當事人原來的家族系統到底發生了什麼時，卻仍可以在工作坊的場中，將當事人的家族系統給排列出來。

進一步還可以說，不管你身在哪裡，你仍然在與你的家族系統的「粒子」們進行「糾纏」，關鍵是你能否意識到這一點。對於一個嬰兒而言，他的心靈是最開放的，所以他能很清晰地意識到對媽媽的「糾纏」，這就是嬰兒們對媽媽普遍存在著心靈感應的原因吧。

兩個相愛的人，看似是兩個人的相遇，其實更是兩個系統的相遇。而我自己的經驗，和我所看到的無數愛情故事顯示，兩個相愛的人的兩個家族系統常有著驚人的相似之處，再加上彼此心力的投注，這使得愛人間的心靈感應也更容易出現。

自然，最「同源」的便是同卵雙胞胎了，他們的基因是完全一致的，所以，同卵雙胞胎最容易產生不受空間限制的心靈感應現象。

至於一個民族，它看似龐大，但如果無限向前追溯，他們也不過是少數幾名祖先的共同後代。由此，可以說，他們也是同源的「粒子」，出現「糾纏」現象也再正常不過。

再向前回溯的話，全人類、萬物，乃至整個宇宙都是同源的，那是不是可以說，我們與所有生靈乃至萬物，也因而有了「糾纏」的根本？

不過，最後需要指出的是，量子糾纏只是顯示了「資訊不受距離傳遞」是可以存在的，它未必就是解決人類意識傳遞難題的答案。在這一點上，不著急，也不強行用已知的理論去解釋意識傳遞的難題是一個合適的態度。我們首先要做的不是去解釋，而是去承認一時無法解釋的現象的存在。

在我看來，心靈感應現象就是這樣的一個存在。

飛翔夢與墜落夢

有兩類夢，一開始很像，但後來的變化和感受截然不同。

一種是墜落夢，夢見從高處往下掉，而且是自由落體的感覺，很可怕。墜落夢有時非常簡單，譬如夢見踢了一下腿，或從床上或臺階上掉下，按理說沒什麼可怕的，卻會被立即嚇醒。另一種是飛翔夢，部分飛翔夢是從平地起飛，還有部分飛翔夢一開始也是從高處往下落，但過程是飛翔。

飛翔夢很美，反映的是自由，是生命力可以自在揮灑，是自己對自己、自己對世界深深的信任感和掌控感——我可以控制我的身體翱翔，而大地也是可安全降落的。

墜落夢很可怕，也是最常見的夢之一，它反映了一個極其常見的問題——不安全感。不安全感，可以這樣直觀理解：當你向虛空墜落時，沒有愛承接著你。

墜落夢，我記憶中沒做過，而飛翔夢，我經常做，那種感覺，美好得不得了。有時，從夢中醒過來，我還沉浸在之前夢中那種美妙的自由感中，甚至覺得那就是現實——我真的會飛！有時，在夢中知道，這不是真的，現實中自己並不會飛，但試了幾下，又飛了起來，那一刻又深信自己能飛了。

發了關於墜落夢與飛翔夢的系列微博後，收到了上千條回覆，逐一看了那些回覆，發現基本上都是墜落夢，飛翔夢很少。而飛翔夢都是感覺很不錯的夢。

- 半睡半醒間偶爾有墜落的夢，一開始恐懼，但很快感覺十分舒爽，就像是在飛，慢慢地開始期待這樣的夢，刺激、快樂。
- 前幾天做了一個夢，夢見我在下墜，我撲騰著小翅膀，好像飛不起來一樣，後來試了好幾次，發現自己原來有老鷹一樣的翅膀，一下子就可以飛到以前想也不敢想的山巔。
- 我經常夢見自己自由飛翔，踩幾下就飛到天空，有時候飛簷走壁，但在夢裡通常是為了躲避某些人、某些事（有時候居然是要逃避自己的親人），才要飛的。飛起來後除了有很自由的感覺，更多的是慶幸，慶幸自己能飛，終於躲過了。
- 我經常夢見自己平地起飛，例如走著走著前面一片房子擋住路，拍拍手就飛起來了，然後一直飛，觀察風景。這是否代表我想要自由又很容易得到？
- 第二種夢（墜落夢）我只做過兩次，在相隔很短的時間裡。大部分時候我夢見自己在走路，忽然發現我像有輕功一樣，腳點地飛起來。夢的開始通常是我還無法掌控這種能力，時常會墜落在地上，然後漸漸能夠飛得長久又平穩。夢中的我總在不斷地練習，因為很喜歡飛起來的感覺。現實中我也一直在練習如何愛自己、尊重自己。

• 從小到大幾乎都做類似前一種的夢。前一段時間做過一次第二種夢，直直墜落，但卻不是很驚慌，快到地面時才慌亂摸索出了降落傘，撐開，剛好夠平穩落地。感謝救我於瀕死的安全感，雖然還不清楚那指涉我生活中的什麼。

再看看關於墜落的夢。

• 從懂事起到現在，經常做從高處墜落的夢，每次都是被嚇醒。

• 我常常做墜落的夢，不安全感衍生出強烈的保護機制，任何男人喜歡我，我都對他們極其厭惡。這樣我還能交到男朋友嗎？

• 從來沒有飛起來過……每次都是兩腿一蹬直接被嚇醒。

• 第二種夢我做過無數次，經常做。精神緊張、心理壓力大時會更容易做，倒是沒想過是因為不安全感。

• 以前老做飛起來的夢，但很怕掉下來，或者掌握不好平衡，或怕飛不回地上，主要是怕；還有你說的那種簡單的下墜，就好像走路掉進陷阱裡一樣，馬上就醒了。

- 經常被追殺，然後從高處掉下來。
- 第二種（墜落夢）比較常見，而且場景多是黑色。
- 以前睡著睡著好像就有憑空掉下去的感覺，現在好多了，基本上不會這樣。真的跟人當時的境況有關係。
- 我經常做的兩個噩夢，一個就是墜落，在黑暗裡不停地墜落，極度無助、絕望的感覺，有時候直接被嚇醒。另一個就是……數學考試！最近還做過幾次這個噩夢，公司要給我們考數學，極度恐懼。
- 以前常常做第二種黑暗中一直往深處墜落的夢，類似無底洞，深不見底。幾秒就被嚇醒，全身抽搐。還有一種情況，沒做夢，但是別人聽到我說夢話，聲音不大，像是掙扎，在吶喊。
- 「當你向虛空墜落時，沒有愛承接著你。」下面是廢棄的鐵軌，這夢做了多少次了。
- ……

這些墜落夢無一例外，都可以說是很恐怖的夢。

飛翔夢為何少見？墜落夢又為何如此可怕？墜落，特別是掉入虛空，意味著什麼？

要回答這些問題，就要明白所謂的安全感與不安全感是怎麼回事。

最好的安全感，是孩子在三歲前與媽媽構建了一個穩定而高品質的關係。一般來說，孩子要到三歲才能形成情感穩定的能力。

情感穩定的能力，即相信那些發生的美好感情是真實的，而且一旦發生就是永恆的，同時，也相信那些發生過的傷害是真實的。沒有情感穩定的能力則意味著，愛剛發生的時候，你相信愛存在，但隨著時間的推移和空間的遠離，你懷疑這份愛是不真實的，甚至是不存在的。有情感穩定能力的人，即是有安全感的人。沒有安全感，亦即沒有形成情感穩定能力。

情感為什麼能夠穩定呢？為什麼能夠相信發生過的愛是永恆的呢？因為，經過三年與媽媽足夠美好的相處，孩子將一個愛自己的媽媽形象內化到內心深處了。從此以後，儘管有時媽媽或其他愛自己的人不在眼前，但孩子內心仍有一個愛自己的人，內在這個愛自己的媽媽，讓孩子能夠穩定。

心中住進一個愛自己的媽媽後，孩子才能安然地探索世界，發展自己的獨立個性。否則，就會一直有一種強烈的需求——找媽媽，但找不著。

飛翔夢，自己在天空中翱翔，而下面有堅實的大地。翱翔，即自己的個性與活力在自由伸展，而大地，則是愛。墜落夢，先是不能翱翔，因為沒有力量與勇氣；更是因為，那不是有星星、有雲、有風的美麗天空，而是沒有大地、沒有著落的虛空。飛翔，沒有歸宿；墜落，也沒有著落。

三歲前的孩子有一個經典的養育畫面：孩子在玩耍，而媽媽在旁邊陪著。有時孩子要媽媽陪著他一起玩，但多數時候是自己玩，不時和媽媽分享，也不時回頭看媽媽，和媽媽打個招呼。

只要媽媽在，孩子就可以放鬆地玩耍——玩耍是孩子在探索世界。但若媽媽突然不在，孩子就會立即大哭，轉而去尋找媽媽。這個畫面，可以解釋墜落夢和飛翔夢。

墜落夢可以療癒嗎？不安全感可以化解嗎？

當然！譬如，一場戀愛就可以化解。

我的一位朋友「何仙姑要學術」在我的微博上留言：「自從認識肥小肥，我就不做下墜的夢了。肥小肥真是肥天使。」她說的「肥小肥」也是我的朋友，我對他們很了解，她愛他愛得不得了，超滿足。於是，漂在香港的她，心中有了一塊安全島。

另一個網友則寫了一個類似的夢：

突然想起了很多年前做過一個這樣的夢。也是夢到墜落，居然沒有醒過來，最後被一個男生牢牢地接住了。醒來時夢境非常清晰，那種巨大的安全感和幸福感還歷歷在目。只是這個男生絕對不是當時的男朋友，難道潛意識已經為我們日後的分手做出了預告？

墜落到一個「正確先生」的懷抱裡，大地由此而生，墜落夢，可以立即轉化為飛翔夢。這條微博回覆讓我想起我的一句話：「一個人是孤島，兩個人是大陸。」

若沒有愛情，墜落夢可以緩解嗎？當然也可以。

母愛有兩個功能。第一，讓孩子，特別是嬰兒，和媽媽構建立愛的連結。媽媽是嬰兒的整個世界，所以，這會在他心中埋下一個信念——我可以和整個世界連結，整個世界都是我的大地。第二，照顧孩子，特別是嬰兒。讓孩子知道，他的需求會被滿足，他的生活不會陷入混亂的失控中。

第一個功能，若童年欠缺，可由一場美好的愛情彌補。第二個功能，若童年欠缺，則可以由自己彌補，也就是一個人逐漸學會自己照顧自己，打理自己生活中的一切，由此形成自我掌控感。即，我的事情，我能行。

一位網友意識到第二點，他在我的微博上留言說：

> 我也做過類似的夢。但我覺得這個不安全感可以不局限於愛和情感。對生活失去控制力都會有這種感覺。比如對某個重要的考試心生焦慮、壓力非常大等。人生無非是一場增強控制力或者降低預期，甚至完全看淡的角逐。

很多人提到，墜落夢是小時候多，長大了逐漸減少。這是因為隨著年齡的增長，力量和資源的增強，自我掌控感在逐步提升。運氣好的人，兒時獲得的愛多，這是父母的饋贈，而愛能托住他不掉入虛空。運氣不夠好的朋友，兒時獲得的愛少，容易掉入無底黑洞，但隨著成長，逐漸增強自我掌控力，便可以自己撐住自己了。

自我控制感被打破時，也會出現墜落夢。譬如一網友說：

> 車禍後常夢見從高處墜落，無比真實的墜落感……異常真實……真實得可怕……是創傷後壓力症候群嗎？

這的確是創傷後壓力症候群，即車禍暫時摧毀了自我掌控感。

虛空也是一個很有意思的譬喻。

虛空是什麼？為什麼墜落如此可怕？如果一直往下墜，又能墜落何處？

寓言小說《為自己出征》的結尾，講到盔甲騎士主人公最後聽從教誨，直接從懸崖上掉入虛空，因此大徹大悟，悟到自己與天地相連，進而升上山頂。

在諮商中，我有時會給來訪者做這樣的比喻。我拿一個東西，譬如一枝原子筆，放到桌子邊緣，它掉了下去，但桌子下面，是無比寬廣的大地。

任何人都可以跌落在寬廣的大地上。

徹底的黑暗……

朋友的朋友，他五、六歲的兒子出了狀況，找我看看。

在飯桌上，我問男孩：「你做夢嗎？和叔叔說說。」

他說，他常做一個夢，就是純粹的黑暗，黑暗裡什麼都沒有。

「做這個夢時，你覺得怎麼樣？」我再問。

他說：「很舒服，有安心的感覺。」

純粹的黑暗，且很舒服，這是一個夢中常見的意象，它最明顯的寓意，是子宮的感覺。

一個五、六歲的孩子，常做這樣的夢，或許意味著，他想退化（Regression）到在媽媽的子宮裡。

退化，是精神分析的一個概念。所謂退化，即在現實世界遇到了暫時應對不了的挫折，而無意識地退化到更早期的、曾獲得的、能溫暖自己的情景中，以尋求安慰。

在媽媽子宮裡，這是所有人都曾獲得過的溫暖情景，所以誰都可能退化到這一情景中尋找溫暖。不過，它也是最原始的情景，若總想退化到這一情景中，那通常意味著，只有這一最原始的情景，才能給他足夠的安慰。

依此推理，這個小小的男孩，他之所以想退化到媽媽的子宮裡，或許是因為養育環境讓他太難受了。

現實情況是，這個小男孩的奶奶，是他的主要養育者，其次是媽媽。而奶奶與媽媽的控制欲望都極強，什麼都要求他按照她們的意志去做，如果他不遵循，就會軟硬兼施，直到他屈從。

並且，奶奶非常喜歡他、在意他，勝過在意這個世界上的其他任何人。

出於對奶奶的愛，他並不反抗，對奶奶言聽計從，看起來什麼都不對奶奶隱瞞。他還表現得超級懂事，大人們都對他非常滿意。

他們之所以覺得孩子有問題，是發現，孩子不僅對奶奶和媽媽言聽計從，在學校對老師也是這樣。並且，老師的任何一句話，都會對他構成巨大的壓力，讓他無比焦慮。這種焦慮遠超過一般孩子，這才引起了他們的警惕。

聽話，只是這個男孩一方面的寫照。另一方面，這個男孩有一個特點：當他做自己的事情，譬如做作業和看電視時，簡直可以做到對所有人的話充耳不聞。特別是奶奶，甚至大吼都不能引起他的注意。

大人們覺得，這是孩子的優點——他太容易投入了！

的確，在某方面來說是投入，但這種充耳不聞，還有特別的心理含義：超級聽奶奶等大人的話只是表面，在他內心中，其實無比想從奶奶的聒噪與控制中擺脫出來。

曾有一位男性來訪者，和他第一次談話很困難，我總是昏昏欲睡。我向他坦承這一點。他說：「啊，我太太也常說，我講話有催眠效果。」

我注意到，他講話嚴重缺乏細節。當我將這一觀察告訴他，並就他講到的事情詢問細節時，他說：「真對不起，我忘記了。」

他真的是忘記了，哪怕昨天的事情，問他細節，也常記不起。但這是意識層面的東西，潛意識中必有文章。

於是，我問他，你是不是有一個媽媽或奶奶等主要養育者，總對你追根究柢，什麼細節都不放過，並且，她有超級控制欲？

他非常驚訝，「你怎麼知道？」

我說，根據經驗，更根據你不能談細節這一現象。如果有一個控制欲極強且對孩子總追根究柢的主要撫養者，那麼，孩子意識上會配合他，但潛意識上，孩子會希望有自己的空間。後一種心理，孩子甚至都不讓自己意識到，因為這會與對撫養者的忠誠和愛構成嚴重衝突。所以，最好是連自己都被欺騙了——意識上都不知道自己想對撫養者關閉。結果就變成：我絕對對你忠誠，你問我任何事情我都想告訴你啊，可是，我真的記不得了。

聽了我這一番分析後，他就開始講細節了。將潛意識的東西意識化後，容易有這種立竿見影的效果。

這個五、六歲男孩的充耳不聞，即同樣的心理邏輯：我意識上是對你絕對忠誠的，但我看電視和做作業時，我真的很投入啊，投入得都完全聽不到你說什麼了。

這種投入有好處。有好幾個俄羅斯的天才數學家，都是有超級控制欲、無孔不入的媽媽，在他們的世界裡，每一角落都會被媽媽侵入，最終他們躲到媽媽根本懂不了的數學中，而獲得了一分清靜。

這種充耳不聞也有壞處。我見過多位耳朵後天出問題的人，也是有這樣的媽媽，而他們意識上絕對聽話，那不聽話的一面，就透過身體來表達了。

極端的聽話和極端的充耳不聞，反映了這個小男孩內心的分裂程度，而意識和潛意識如此分裂，也可以看出，他的養育環境是極其有問題的。

常做那種純黑的、類似子宮環境的夢，意味著這個男孩想退化到那種絕對不受外界干擾，而又被哺育的環境中。或許在黑暗中，才沒有奶奶的控制與聒噪。

這個小男孩的退化心理有些嚴重，但這種想退化到子宮的心理其實非常常見，只是程度輕重不同而已。

譬如，他的企業家父親也有這種心理。他不理解為何人們喜歡住在大房子裡，而他喜歡住在小小的、局促型的房子裡，那樣讓他覺得舒服，能有家的感覺。

這或許也是對子宮的嚮往。若是，那麼可以說，這個在生意場上殺伐四方的男子漢，竟以這種方式，和兒子互為鏡像。

將這一故事寫在微博後，引起熱議，很多網友也講了類似的心理。

• 網友一：我也是這樣的，我從小就喜歡局促的房子，總覺得那樣有安全感。像歐美那種大房子，簡直令人覺得心慌。

• 網友二：產後憂鬱時，躲到大衣櫃裡，關上門，一片黑暗，不想出來。

• 網友三：想起我十來歲時，喜歡躲在桌子下面，縮成一團。

• 網友四：小時候常幻想住在一個透明卻堅固的玻璃房子裡，外面下著大雨、颳著風，還閃著雷電，房子裡昏暗卻溫暖。想來那其實跟這孩子是類似的夢。

• 網友五：很享受黑暗，喜歡晚上關了燈、打開音響，在一片漆黑裡躺著聽音樂。睡覺的時候不喜歡房間裡有一點光，關掉燈在黑暗裡摸索也不害怕。

• 網友六：我明白了。我睡覺時，尤其是冬天，喜歡把被子裹得緊緊的，把自己裹成蠶蛹狀，大概跟這有關。

• 網友七：終於明白，為什麼小時候每到冰冷的雨天，就幻想自己撐一把超大的黑傘蹲在那裡，並且這種幻想讓我很安心。

……

在諮商和生活中，我和許多宅男宅女交談，他們覺得，若可能，自己只想縮在一個小小的蛋殼裡，只夠自己容身就好。這個蛋殼，最好是堅不可摧、能徹底閉合，任何人都不能進入的。

不過，全然的關閉，這只是一部分。如這是全部的話，那會孤獨得要死。所以，最好是：我縮在蛋殼裡，但外面要有人，可能是一個不離不棄的陪伴者，或者是喧囂的人群。

因為這種心理，很多宅男宅女的婚戀就變成縮在自己的殼中，小心地索求著戀人的陪伴。他們看似對戀人不在意，但對方若離開，他們就會遭受致命的打擊。但是，他們若走不出殼，那戀人也會孤獨得要死。

所以，無論如何，都要努力走出殼。但同時，也不必對這種退化心理過於排斥，覺得時時刻刻都不能處於其中。

微博上，每當我談到一種有問題的心理時——其實任何心理都必然有一定的問題——總有人問：怎麼破？這次也不例外，許多網友問我，該怎麼消除這一心理。

任何心理的形成，都有其合理性。急著破，就是否定了這種心理的合理之處。

若說退化到媽媽子宮的想像，是誰都可能發生的，那麼是不是也可以說，這是一件多麼美好的事？因為，這是誰都可以找到的一種溫暖與安慰。並且，很多時候，它真的能給我們力量。

所以，比起打破它，更重要的是接納它、覺知它，有時甚至還要清醒地回到這種狀態中，主動尋找那原始的安慰。只是，不要太長時間，甚至是永遠滯留於這一胎兒時期的溫暖。

特別重要的是，這種退化，都是因外界的挫折，暫時超出了我們的承受能力。所以，尋找退化之安慰的同時，必須認知到自己遭受的挫折是怎樣的，然後面對它，並調動各種資源去化解它。現實世界的挫折，才是真正需要破除的。

實際上，受傷時，回到一個安全島，積攢力量再出發，這是一生的隱喻。

子宮，是最初的安全島。出生，則是最初的挫折。

幼兒時，這個安全島就變成了媽媽。這時的經典畫面是，幼兒在玩耍。玩耍即他在探索外部世界，他可以很投入地玩耍，但前提是媽媽必須在。媽媽不在，探索就難以進行了。探索受挫時，他也會尋找媽媽，或回到媽媽身邊，尋找媽媽懷抱的溫暖，然後，繼續前行。

成年人，則要構建一個家，在外面衝殺受挫時，回到家的港灣充電，然後繼續衝殺。

只是，子宮的溫暖，是媽媽給的，這是一種恩賜；而家，則要自己構建，構建的同時，完善自我。

心靈與夢一起成長

夢是一個光怪陸離、支離破碎的世界，我們因而將夢視為異己。

然而，一旦對夢有了理解，你會發現，夢其實是一個有跡可循，甚至穩定連續的世界。

許多人會做同一個主題的夢，甚至重複做一模一樣的夢。這些頻繁出現的夢境，必然有著重要的意義。假若你學會了與夢溝通，學會了聆聽你內心深處的聲音，那麼你會發現，這些原本看來僵化的、刻板重複的夢境，忽然有了變化，有了成長。

同時，你的心靈也在成長。

我們的生命有三分之一的時間在睡覺，這豈不是極大的浪費？

中荷永老師不贊同這一觀點，他說：「上帝不會讓你浪費三分之一的時間的，祂會讓你做夢。」

夢是什麼？作為知名的榮格派心理學家，中荷永老師說，夢是通向無意識的通道，「我一向認為，夢一定是積極的、補償性的、具有保護作用的。可以說，夢必然是來幫助你的。」

大多數人的意識和潛意識都處於嚴重的分裂狀態，這是這個世界總是陷入分裂狀態——譬如戰爭和衝突——的根本原因，也是無數個人的生活總是陷入分裂狀態的根本原因。

「最危險的東西來自人心，」中荷永老師說，「這不是因為人性惡，而是因為我們對內心所知甚少。」

心靈和諧的要義在於真實，而只有一顆單純的心才能捕捉到真實。但是，我們習慣了從規則中尋找答案，習慣了靠理性和頭腦去尋找答案，於是離自己的內心愈來愈遠。最終，我們會變得非常麻木，活得愈來愈不真實，心靈也因而愈來愈不和諧。並且，內心的不和諧一定會體現在自己與別人的生活中，結果是內心的不和諧導致了家庭、社會乃至世界的不和諧。

不過，不管內心有多麻木，我們至少還有一個途徑可以通達真實，這就是夢。

中荷永老師說，夢一直在做最大的努力，試圖告訴我們真實的資訊，關鍵就在於我們能不能聽到。

夢一開始會有些偽裝，它必須如此，因為麻木的我們沒有做好準備接受真實的資訊。如果我們準備好了，開始學會透過夢去聆聽內心深處的聲音，那麼夢的偽裝會逐漸褪去，真實的資訊最終會不帶任何偽裝地湧來。

由此，我們的心靈出現成長，走向和諧。

你敢不敢講一個你的夢？

一天，申荷永老師和親人A接待一名國外來的榮格派心理學家D。A是一名軍旅作家，但他不喜歡榮格的理論，認為過於神祕；也不喜歡解夢，覺得夢過於凌亂，根本不值得信任。申荷永老師和A辯論過多次，都說服不了他。

他們兩人帶著D逛了一天後，晚上在賓館休息時，申荷永老師對A半開玩笑地說：「D解夢比我強多了，你敢不敢試試，講一個你的夢？」

「有什麼不敢？」A回答說。

他隨即講了自己最近做過的一個夢，夢境是他牽著一隻羊，走在一條水溝邊的路上，這隻羊在水溝裡喝了點水，還闖進路邊的白菜園吃了幾口白菜。

A說得很簡單，D一開始也沒有追問細節，而是問A：「這個夢讓你聯想到了什麼？」

D這樣講，是想用榮格常用的自由聯想法，引導A最終領悟到夢的真義。

但A對解夢還是很反抗，他說：「這能想到什麼？什麼都沒有想到！」

這時，申荷永老師對A說：「你這個態度不好，你怎麼會什麼都沒想到？你不就是屬羊的！」

這句話說得A不好意思起來，他對D說：「我是屬羊的。」

作為外國人，D沒有問A屬羊是什麼意思，而是繼續問：「羊在你前面還是後面？」

「前面。」

「牠是自由的，還是有繩子牽著？」

「有繩子。」

「繩子有張力嗎？」

「有，這隻羊老闖來闖去的，我一直拉著牠，牠力氣很大，我總拉不住。」

……

對話一直這樣進行下去，在D的引導下，A逐漸一點一點地講出了這個夢的所有細節。這時怎麼問問題，並不重要，D這樣做，其實是要在此時此地還原A做夢時的感受。也就是，他要透過讓A回憶夢中的所有細節，逐漸回到做夢時的氣氛中去，其效果類似催眠。

這個方法達到了效果，A愈來愈放鬆，愈來愈安靜，他慢慢地講出了一個關鍵細節：羊衝進白菜園，哇啦哇啦狂吃了一通白菜。

這時，A在夢中產生了兩種矛盾的感覺：一種是同情，覺得這隻羊很可憐；一種是內疚，因為夢中A知道自己是軍人，而軍人是不能拿老百姓一針一線的，更不用說讓羊到老百姓的菜園裡狂吃一通了，這是不能接受的。

於是，A也走進菜園，把羊抱了起來。

當講述到這兒時，A說，他現在還記得夢中的感覺，夢中他捲著袖子，所以上臂感受不到羊毛，但小臂緊挨著羊毛，羊毛很軟。

「你能描述一下你現在的感受嗎？」D問A。

「我覺得挺委屈的……挺難受的……」A說到這時，眼中已有淚光。

「好，你不用說話，可以試著好好體會一下這種感受。」D說。

A安靜地體會了一會兒後，這次對話結束了。D始終沒有要A詳細地講述他的委屈感，不過申荷永老師知道A的委屈是什麼。

他說，A兩歲的時候，被送給一個阿姨，因為這個阿姨沒有孩子。這種事情在我們這個國家很常見，但這麼做只考慮了大人的需求，而沒考慮孩子的需求，這對A來說絕對是一個很大的創傷。

申荷永老師說，夢中的羊毫無疑問就是A自己，而夢中的委屈感是A多年以來，一個很重的心理感受。這種委屈，其實是A對自己父母的不滿：「我什麼都沒做錯，你們為什麼不要我？」

作為作家，A的小說中，一個最常見的主題是打抱不平。看起來，這打抱不平是對別人遭到的不公正待遇的憤怒，但其實首先反映的，是A內心深處對自己遭到的不公正待遇的憤怒。簡而言之，他是對自己父母有很大不滿的。但這個不滿，他在意識上不敢充分表達，也不能坦然接受，於是把它壓抑到潛意識中去。但壓抑並不等於消失，相反地，被壓抑的事物一得到機會就會進行表達，尤其是一看到別人遭遇委屈，他就更加不能接受，忍不住要表達在他的小說中。

這個夢，很典型地說明了內在的衝突是如何表現到外部世界中去的。

申荷永老師回憶說，當時有好幾分鐘時間，A一直沉浸在自己的感覺中，最後說了一句：「這個傢伙水準還不錯。」

這件事改變了A對解夢的態度。第二天一早，A主動向D講了兩個夢：

一、他夢見自己換了房子，以前住的是小房子，現在換了一棟大房子。

二、他夢見一批犯人，因為表現不錯，被額外給了二十四小時的假釋時間，官方還派了一批大學生來和他們聯歡，但其中一名重犯，因為怕自己犯罪的祕密暴露，於是埋下了炸彈，想炸死和他聯歡過的大學生。

第一個夢反映了A的心理成長。房子意味著他的心理容納度，以前的房子小，意味著他的度量小；換了大房子，意味著他的度量變大了。

第二個夢則表明，不斷地開放自己的內心並不容易。我們之所以壓抑自己的很多心理感受，是因為我們認為它們很不好，或者說，它們是「壞我」。在A的夢中，它們就直接表現為罪犯。一批大學生來和罪犯聯歡，意味著A的「好我」和「壞我」正在走向彼此接納，這就是和諧。但是，一般的「壞我」是可以比較快地和「好我」融合的，而最關鍵的「壞我」要做到這一點很難。所以，夢中的重犯才拒絕見光，甚至想把「好我」給徹底摧毀。

這是心靈成長的一個必然過程，會不斷有融合。融合讓我們變得更從容、更寬容，但成長必然意味著，一些被我們嚴重壓抑的東西會不斷浮現出來，我們有時難免會被這些東西嚇一跳。

但同時，我們的心理容納度也在不斷增長。以前我們的度量小時，這些資訊不能被我們的意識接受；現在我們度量大了，這些資訊就可以被接受了。

申荷永老師說，後來A多次夢到他牽著羊走在水溝邊的情境，夢境大致是一樣的，而細節不斷發生變化。以前的水溝是近乎乾涸的，水很髒，水溝旁邊的樹葉也是枯黃的。但慢慢地，水溝中的水愈來愈多，愈來愈清澈，而水溝旁的樹的葉子也愈來愈綠。

這一切都意味著，A的內心正在走向成長，走向和諧。

一個六年的夢促進我的成長

A的故事顯示，同一個情境的夢的細節變化，是如何反映心靈成長的。還有很多夢，看似不同，但其實都是關於同一個主題的。它們也反映著，夢境變化與心靈成長是怎樣呼應的。

回想起來，從二〇〇一年六月到二〇〇七年五月，我自己有一系列的夢，很經典地反映著夢境變化與心靈成長的呼應。

這系列的夢可以分為三個階段。

第一個階段是二〇〇一年六月到二〇〇四年三月，我多次遭遇夢魘的襲擊。只是純粹的夢魘，沒有夢，每次都是突然醒來，發現自己已不能動彈。

二〇〇一年六月的一個晚上，是我平生第一次遭遇夢魘，當時住在一個有宗教色彩的房間裡，醒來時非常恐慌，並發現自己不僅不能動彈，而且覺得床在劇烈抖動，搞得我以為自己遇到了什麼靈異事件。但後來一問別人，才知道原來夢魘中常有這種錯覺。

夢魘只出現一次，我以為這只是一個偶然事件。但二〇〇三年有約二十天時間，我頻繁遭遇夢魘的襲擊，都是沒有夢境，一醒來就發現自己不能動彈，且極其恐慌，並感覺床在抖動。這種體驗非常嚇人，我急著醒來，但每次都要過一會兒身體才能動彈。此後，我會打開屋子裡所有的燈，然後喝點東西，坐在陽臺上發一會兒呆，最後再去睡覺。

但這種努力顯然沒有效果，二十來天的時間裡，我差不多遭遇了十五、六次夢魘的襲擊，有時一個晚上會遭遇兩次。結果，向來以不怕黑自得的我，忽然變得膽小起來。每次向別人講起這樣的經歷，我都會自嘲地說：「我發現了一個真理，人原來是年齡愈大膽子愈小的。」

二〇〇四年我也遭遇過兩次夢魘，一樣是極度恐慌，且沒有夢境。

第二個階段是二〇〇六年夏天，那一段時間在看海寧格的《誰在我家》，其中很多內容觸動了我，於是看得非常投入。我明顯地感覺，就像前面提到的A的故事一樣，如果說內心是一棟房子的話，我感覺自己這棟房子正在變大。

但一些嚇人的東西隨即也出來了。一天晚上，我再次遭遇夢魘，醒來後發現自己同樣不能動彈。

本來我想，過去的夢魘又重演了，不過，醒來後我突然明白，事情已不一樣了。因為之前沒有夢，而這次有了夢，我是在做了一個噩夢後被驚醒的。

我明白，這已是一個進步了。

第三天晚上，我再次遭遇夢魘。這次一樣是有夢的，並且很有趣的是，這次的夢就是上一次夢的延續：類似的場景，但夢的情節已很不一樣了。

這一次的夢魘還是一個轉捩點。之前，每次遭遇夢魘，我都會在身體可以動彈後爬起來，打開燈，做點什麼事情，等心情平靜後再去睡覺。但這一次，我對自己說，好吧，我要看看，你究竟是什麼。

於是，這次夢魘過去後，我仍然躺在床上，繼續睡覺。很快，我睡著了，但很快，夢魘再一次襲擊我。

第二次夢魘過去後，我仍然躺在床上，繼續入睡。睡著後，第三次夢魘很快再一次襲來……

我連續遭遇了五、六次夢魘的襲擊。但最後一次夢魘襲擊過後，我知道，夢魘不會再來了，有些東西我已徹底明白。而且，有了這種感悟後，我覺得房間內的黑暗有了一種甜蜜的靜謐。

第三個階段是從二〇〇六年的夏天到二〇〇七年五月。這一階段，我連續做了一系列的夢，都是同一個主題，而且情節引人入勝。每次都會從夢中驚醒，但不再有恐慌，每次我都感到，我距離某個真相更近了。

五月的一個晚上，我做了一個極其關鍵的夢，這個夢的資訊直接而簡單，我醒來後，猶如醍醐灌頂，感覺自己生命中的許多謎團迎刃而解。而我一直在思考的人性中的一些重大問題，也找到了答案。這既是我個人生活的答案，可能也是我國文化下，所有人的一個重要答案。

這個夢之後，我又做過幾次同一主題的夢，但並不重要了。因為它們只是在細節上對這個主題做了一些補充。

心愈單純，夢愈神奇

這個系列的夢整整延續了六年，內容不斷變化，而這個變化顯然與我心靈成長的程度息息相關，甚至絲絲入扣，聯繫無比緊密。

我想，假若我不是一直在努力反省自己的人生，那麼，第一個階段的噩夢可能會持續一生。我會不斷重複這種沒有夢境、只有極度恐慌的夢魘，並最終可能成為一個惶惶不可終日的神經過敏的人。其實，之所以沒有夢境，是因為我的防禦太強了，我當時絕對不能接受這一資訊，不僅意識上不能接受，甚至在夢中都不能接受。

同樣的道理，如果我對夢不理不睬，那麼儘管我非常努力地自省，可能我花很長很長的時間，都未必能悟到二〇〇七年五月那個最關鍵的夢所直接透露給我的答案。

即便你不願意做深度的心理探討，不在乎什麼心靈成長，注意聆聽夢所傳遞的聲音也一樣重要。

譬如，我們最常做的一個夢是牙齒鬆了或掉了。這個夢的含義很直接也很簡單，即「你身上最堅固的零件都不堅固了」。這是在提醒你注意身體。如果你一直對這個資訊不理不睬，那麼它最終就會成為現實，當然，未必是你的牙齒掉了，而是你的身體垮了。

我們絕不能將夢只降格為「日有所思，夜有所夢」，甚至降格為睡覺時神經系統對外在環境的自然反映。譬如，夢魘的一個最常見理解是，可能你的手壓在心臟上了，這種原因可能會有，但我自己那麼多次的夢魘，沒有一次是這個原因。

夢不僅僅是個人內心世界的反映，也常是對他人、社會，甚至世界的一些重要資訊的反映。榮格曾夢見第一次世界大戰的發生，申荷永老師則說，他在探訪榮格的故居前，已事先夢到了榮格故居的很多細節。

如果你的心夠單純、夠開放，那麼你的夢中也會有一些所謂神奇的事發生。

我一個朋友前不久做了這樣一個夢：

我回到農村老家，所有見到我的人都和我打招呼，因為我考上大學，又在城市有很不錯的工作。他們視我為榮耀，都過來誇我，想和我寒暄、握手或喝酒。但我無比焦慮，我找不到我的女友了。我推開了所有人，四處尋找她。在一個沒有人的路上，我遇到了一個小孩，我問他，看到某某（我女友的名字）了嗎？他指了指路說，她就在左側一百公尺遠的一個小土屋裡。

這是一個噩夢，他一下子從夢中驚醒。夢中的小土屋寓意很不好，那是一間孤伶伶的房子，一個八十來歲、病得很重的老婆婆住在那裡，她的兒女們不願意照料她。後來，他接二連三做了幾個噩夢，都是他的媽媽、姊姊，或其他女性親人遭遇危險或得了重病。最後他得知，他在外地的女友得了重病，儘管身體看似沒有多大問題，但一檢查卻發現了嚴重的問題。原來，他的這些噩夢都是感應，他已感應到了女友所面臨著的危機。

我們對夢是很不了解的，不僅如此，我們對夢還很不尊重。我們會認為，夢是虛妄的、沒有價值的，但當持有這樣的觀念時，我們就錯失了許多自我成長的機會，也會令自己陷入一些危機中而不自知。

自由聯想，幫你解夢

最初，佛洛伊德透過催眠的方式，去探察來訪者的潛意識。後來，他發現用自由聯想就可以了。所謂自由聯想，即當你看到、聽到、讀到一個細節時，你第一時間想到了什麼，然後順著這個內容繼續想下去。最終，這種自由聯想會把你引向藏在潛意識深處的心理真相。

自由聯想不是天馬行空的想像，天馬行空的想像常是刻意而為的，即我們用某種東西指導著自己想像，但自由聯想重在自由、自然，假如刻意地想什麼，那是很難進入潛意識層面的。

Part 2

死亡夢

學會適應充滿無力感的現實

你已經死了

夢者

阿嫣，廣州女子，單身，三十一歲，外商中層管理人員。

夢境

在電梯裡，坐滿了我的大學同學。

電梯要往下走，我知道，站在電梯邊上的人都會死。所以，我刻意站在正中間，只有這樣才安全。

電梯啟動後，迅猛下墜，那種徹底失重的感覺，就像自由落體一樣。結果，靠在電梯邊的我的大學同學們全死了，一個個血肉模糊，非常恐怖。

獨我一人活了下來。我感到恐懼，同時感到慶幸，從電梯裡出來後，我立即向家裡趕去。路上，電話響了，是媽媽打來的。「我們接到殯儀館電話，說你死了，怎麼回事？」媽媽在電話裡問。

我辯解說，我這不是沒死嗎？還好好的。

但媽媽說，不，你就是死了。

放下電話，儘管我看似還活著，但我相信，我的確死了。屍體正在路上，一會兒就會被送到家。當屍體運到的那一瞬間，我就會全然死去。

分析

這是二〇〇八年的時候，阿嬀向我講的一個夢，一開始，我百思不得其解。後來，我問她，這個夢是什麼時候做的。

「哦，我想一想……」阿嬀想了一會兒，說：「應該是一月十九日，對，肯定，就是一月十九日的晚上。」

「這麼肯定？」

「是的。因為，兩天後就是一月二十一日，那天股市暴跌，我損失慘重，所以不會記錯。」

原來如此。這麼說，這個夢很像是對股市暴跌的預感了。

大學畢業後不久，阿嬀就進入了一家外商，一直做到現在，收入頗豐。二〇〇七年股市進入牛市後，她在一個朋友的推薦下，加入了炒股大軍的隊伍，投入了近百萬元，占她積蓄的三分之二。她是一個安全感很低的女子，所以當時不管多麼看好股市，都不敢將自己的收入全投進去。她說：「必須給自己留下保命錢。」

二〇〇七年的股市給阿嫣帶來了超乎尋常的收益，但下半年股市的不斷動盪也一直令她忐忑不安。後來，她將炒股的事情全盤託付給了一個多年的知己朋友森。森有二十多年的炒股經驗，而且一直是商業領域的弄潮兒，還知道許多一般人所不知道的內幕消息，是一個背景頗深的人物。

並且，森的性格和阿嫣有相似之處，是看似大膽其實極其謹慎的人。他炒股的原則是絕不冒險，只有判斷一檔股票一定會賺錢的時候，他才會買，而這樣的股票很少會有極大收益。

將炒股的事情託付給森，是阿嫣給自己的炒股大業找到的第一個保險。

後來，在森的介紹下，阿嫣還在香港開了戶，並把大部分資金透過森轉移到了香港。這可以說是阿嫣為自己炒股找到的第二個保險。

大多數股民沒有阿嫣那種超低的安全感，也就不會像她這樣費盡心思做狡兔三窟的事情。

如果說，阿嫣的這個夢境是她對股市的擔憂。那麼，大學同學都站在電梯的邊緣，而唯獨她刻意地站在正中間，這該是阿嫣狡兔三窟的炒股風格與普通股民的炒股風格的對比了。

阿嫣說，她對國內的股市沒有信心，很明確地知道，自己在二〇〇七年的炒股行為是一種投機。但她想，將炒股的事情託付給森，同時又將資金轉移到股市相對成熟的香港，她的炒股該有保證了吧。

這種擔憂顯然也反映在了她的夢中。

她對股災已有預感

二〇〇八年一月十八日，這天是星期五，阿嫣已對股市有了擔憂。當時，森打電話給她，談到了美國的次貸危機，說這一危機對美國股市的影響已開始顯現，他擔心會影響到香港股市，並進一步影響國內。對香港和國內的影響到底會到什麼地步，他沒有太大的把握，但他認為，影響不會太大，所以不必急著拋出。

阿嫣信任森，支持他的決定。但將電話放下後，阿嫣心中一直湧動著很大的不安。當時，她想，這種不安是自己的性格，她自己的安全感一直都太低了，不必因此而拋出股票。

但這只是她意識上的想法，潛意識深處，她仍然對股市有著極大的擔憂。這一擔憂，最終透過一月十九日晚的夢給展示了出來。

平時，阿嫣是睡眠極好的人，很少記住夢，但一月十九日晚，她半夜裡被這個夢嚇醒，第二天醒來後仍然是心有餘悸，夢中的情節也記得分外清楚。

似乎是夢在提醒她尊重自己的憂慮。但可惜，她沒有做到這一點。

一月二十一日，阿嫣一早坐同一社區的朋友的車去上班，這位朋友也有多年的炒股經驗，經歷過多次風暴。他勸阿嫣將股票清空，而他一路上也一直不斷給妻子打電話，指揮妻子拋掉所有股票。

二〇〇七年的時候，阿嫣這個朋友也曾拋掉手中所有股票，那一天是五月三十日，也是財政部突然將印花稅從千分之一上調到千分之三的日子。阿嫣對這個朋友的果斷非常欽佩，不過相比之下，她還是更信任資歷更深、更有背景的森。

因而，儘管心中憂慮很重，很想跟森商量是否將在香港的股票全拋掉，但阿嫣還是決定信任森，由森決定怎麼做。

森沒有清空股票，甚至沒有拋掉任何一檔股票，他建議繼續觀望。

一月二十二日，股票繼續暴跌。無論是國內還是香港，股票市場的暴跌程度均堪稱慘烈，而她在香港和國內市場的股票也損失慘重。

談到這個夢時，阿嫣說，她還是想繼續信任森，不想全部拋掉股票。她對國內和香港的股市還是抱有一定的信心，畢竟森幫她買的股票都是經過謹慎選擇，是長線型的。

不過，這樣做，就好像是夢中最後時刻的感受。夢中，她看著自己，那時自己分明是活著的，但她同時又確知，自己其實已經死去，而屍體正在路上。看到屍體的那一瞬間，她就會全然死去。

屍體是什麼？會是她在股市上的全軍覆沒嗎？

是不是可以這樣說，其實我們自己的心靈已經捕捉到了未來的趨勢，但我們在意識上不尊重這一訊息，於是這一訊息只好透過夢這種潛意識的途徑來表達，以提示我們尊重它？

我殺死了蛇狀老公

夢者

蘇女士，和老公在一起五年了，育有一個男孩。

夢境

我和老公都變成了蛇狀動物，然後我們開始搏鬥。後來，我一狠心就打死了牠！當時我們是在旅遊的路上。最後，我和一起去的朋友一起回來，朋友也知道這場搏鬥和最後結果。但我在回來的路上，一直向朋友謊稱他在旅遊途中失蹤了！

分析

「我們的感情愈來愈不好。最近我又懷孕了，在一次衝突中，他打我，然後我們廝打起來，這讓我又一次對他、對婚姻感到失望。我想墮胎，可是仔細想想，我想要這個孩子的初衷是為了兒子，不希望他孤單，因為我預感我倆的婚姻是不會善終的！」蘇女士說。

在分析這個夢之前，我先講一點大道理。

我們很容易將焦點集中在別人身上，認為自己的幸福繫於某人身上，痛苦也繫於某人身上。這樣想的話，我們就永遠找不到出路，因為別人不是我們的答案，我們的答案在自己心中。

假若你是心理師或助人者，那麼在傾聽時，應當警惕當事人的這種傾向：我這麼慘，都是那個人害的。

表面上，當一個人傾訴時，這似乎總是成立的，但從深層來看，這常常是不成立的。並且，當你停留在表面，試圖以類似法官的身分判斷誰對誰錯時，事情就會演變成「公說公有理，婆說婆有理」一樣，是沒有出路的。

但是，當你將焦點對準當事人時，或你作為當事人，將焦點對準自己時，事情就可以變得既清晰又簡單，出路並不難找到。

我們回到蘇女士的夢和她的故事上。

她的故事顯示，她的人生焦點不在自己身上，而在丈夫和兒子身上。彷彿丈夫是她人生痛苦的源頭，令她痛苦不堪，讓她對男人和婚姻充滿了失望感。而兒子倒像是她生命的寄託，當她對婚姻失望時，她可以將注意力集中在兒子身上，願意為他的幸福付出巨大努力甚至犧牲。也或許，她還會想，如若兒子可以幸福，她待在這個婚姻中還是有價值和有意義的。這也是很多人的共同想法，但這只是意識上的想法而已。潛意識深處，我們都知道，自己才是答案。

現實中，蘇女士認為丈夫該為婚姻的痛苦負責：他這麼糟糕，他害了她，以及她對婚姻的憧憬和希望。但夢中，不僅他是一條蛇，她也是一條蛇。在搏鬥中，他攻擊她，她也攻擊他，而且她還殺死了他。

蛇在夢中常象徵著性與攻擊欲望等本能力量。在蘇女士的夢中，蛇顯然象徵著攻擊性。那麼，當她和丈夫同為蛇時，再將婚姻衝突的責任全部放在他的身上，是否還合適呢？

蘇女士和丈夫好像經常發生衝突，她應該好好反思一下，這些衝突真的是丈夫挑起的嗎？「最近我又懷孕了，在一次衝突中，他打我，然後我們廝打起來，這讓我又一次對他、對婚姻感到失望」，她的話中彷彿藏著一個邏輯：「我已經懷孕了，他怎麼還可以打我，這個壞蛋。」自然，這個邏輯有我猜測的成分，它未必正確；如果它不成立，蘇女士自然不必反省。

很多時候，我們對一些特定的痛苦有一種嗜好，判斷這一嗜好的標準是這類痛苦是否經常發生，而且是有規律地發生。

一位女士說，她的丈夫喜歡偷情，這令她非常難受。我問她，她在什麼時候最痛苦？她回答說，當丈夫每次深夜偷情回來後，她會和他吵架，在吵架時，她的痛苦會達到頂峰。吵架帶來的這種痛苦很可怕，她不想重複，但她每次都忍不住，會特意等丈夫回來。等丈夫一回來，她就會揪著他問偷情的細節，而他會先掩飾，接著會在逼問下，像竹筒倒豆子一樣把細節都說出來。這時，她就會有深深的被拋棄感，躺在地上或床上無力起來。

丈夫偷情固然糟糕，但在和她聊天時，我有一種強烈的感覺：她只是表面上很痛苦而已，她內心似乎在期待著「被拋棄感」一再產生。這令我開始推測，她在原生家庭中，應該有過被嚴重拋棄的經歷。

果不其然，她在潮汕地區出生，是老大，有七個妹妹，最小的一個是弟弟，這是她爸爸決心要一個兒子的結果。在這個過程中，每有一個妹妹出生，爸爸都會暴跳如雷，還常叫囂要將她們趕出家門，而她作為最大的女孩，則不斷體驗「女孩沒人要」的被拋棄感覺。

為了和這種可怕的感覺對抗，她逐漸發展出了一系列辦法：對男人哀怨、憤怒和充滿敵意。這是她用來自我保護的武器。當使用這些武器時，她會產生一些控制感：「男人都是這副德行」、「男人都是可怕的」、「不要指望他們在乎你」等。為了維護這些在別人看來可憐，但對她來說卻是一切的辦法，她會繼續找和爸爸類似的男人。

儘管蘇女士的故事與這位女士的故事有很大不同，但我想讓蘇女士看看，她的丈夫和爸爸有沒有相似之處？她的婚姻和父母的婚姻有無雷同？對那些衝突和痛苦，她真的沒有責任嗎？還是，她其實和丈夫一樣，共同製造了衝突？

夢中，她殺死了自己的蛇狀丈夫，或許顯示了她對他的憤怒，也或許顯示了她心裡不再有他的位置，已不打算再給他機會，在感情中殺死了他。她在旅遊的返程中對旅伴說丈夫失蹤了，這或許也有同樣的含義——他在她的心中已沒有了位置。

但是，這是蘇女士和丈夫共同製造的，而她的責任看上去更大。但她不想背負這個責任，於是才說他失蹤了。失蹤的含義是，他主動失蹤了。也就是，他主動退出了她的感情世界，這不是她的責任，是他的。

在夢中旅遊或走一條路是很常見的情景，這意味著心路。蘇女士本想和丈夫走上一條幸福之旅，但他們老是廝打在一起，把幸福打沒了。於是，她和另外一個人返回來，這好像是說，她在婚姻家庭這條路上已不再把丈夫當作伴侶，而是有了新的伴侶。她還說：「我可沒把我丈夫怎樣，是他自己主動消失的。」

這個伴侶是誰呢？

可以看出，這個伴侶很可能是她兒子。她說她暫時還留在婚姻裡是為了他，未來生一個孩子也是為了他。再有一個孩子，未來和丈夫關係結束後，她和兒子還會有一個三口之家。

以上也只是分析而已，很可能不成立。這個夢中的旅伴或許另有其意，但即便如此，她的「我想要這個孩子的初衷是為了兒子」這句話，也是值得反思一下的。她的兒子自己會這樣考慮嗎？兒子向她提過這個想法嗎？或者，這純粹只是她個人對未來家庭的一個設想而已？

如果最後這一點成立，那麼，蘇女士最好明確地對自己說：「我想要這樣一個家庭：即便沒有了丈夫，也有兒子和另外一個孩子跟我在一起。」這樣她就可以確定，她需要為這樣一個未來的家庭負責，而不是她的孩子要為這個局面負責。

「我做什麼是為了你」，這樣的想法是很可怕的。因為一旦「做什麼」沒有達到預想的結果，我們就可能會說：「我為你做了什麼，你怎麼就不為我考慮？你知不知道我的犧牲和痛苦？」

即便我們最初真的是想著「我做什麼是為了你」，那也要很明確地告訴自己：「這是我的想法，我願意這麼做，是我得為此負責，對方不必為我這個想法的結果負責。」

再說說蘇女士的「預感」。她說「我預感我們的婚姻是不會善終的」，這到底是一種基於全部事實的準確預感呢，還是一種不由自主的希望？蘇女士說自己讀了很多我的文章，那麼我有理由相信她已經知道「自我實現預言」。

那麼，在她結婚前，有沒有這種預感？當她面對其他男人時，有沒有這種預感？在她面對自己的原生家庭時，有沒有這種預感？

或許這些都不成立，畢竟其中猜測的成分太多。

或許，她的先生就是無可救藥，他們的婚姻已經無路可走，只剩下離婚一條路了。而她肚裡的孩子，她還想生下來，為了讓她的兒子不孤單。如果是這樣，我想繼續提醒一下蘇女士，請對自己說：「是我選擇了離婚，我會為此負責；是我要生下這個孩子，我會為此負責。」

正如在夢中，她殺死了蛇狀的老公，起碼在夢中，她得為此負責。

活著的親人一個個離世，死去的親人一個個復活

夢者

莉莉，白領，年齡不詳，已婚兩年。

夢境

我和丈夫常為一點小事吵架，然後我就會做噩夢。噩夢有兩種，一種是活著的親人一個個死去，一種是死去的親人從棺材裡跳出來打我。

分析

莉莉的婆婆在三年前意外去世，這是解讀這個夢的鑰匙。

這個意外事件，莉莉沒有在電子郵件中提到，她是在接受電話採訪時，與我談了約半個小時才對我說：「還有一件事情，我的婆婆已意外去世，這和我的夢有關係嗎？」

當然有，而且這是核心問題。雖然這之前，她和我講了幾個她與丈夫吵架的細節，以及她和他對他們婚姻的感受，但如果她不說出這一事件，這個夢就難以得到精確的解釋。

在電話中，莉莉講述了婆婆去世的情境：三年前的一天晚上，她丈夫（那時還是男朋友）陪著媽媽聊天，之後回到自己的房間休息，誰知道第二天一覺醒來，媽媽已去世。

對於他來說，這是一個巨大的打擊。雖然時間已經過去三年，他的兄弟姊妹都走出了這一陰影，但他仍然深陷其中而不能自拔。

現在，他經常失眠。莉莉說，很多個晚上，她凌晨兩三點醒來，發現丈夫仍然沒有入睡，而是坐在臥室裡大聲地嘆氣：「唉！唉……」

一次，莉莉問丈夫在想什麼。他的回答很嚇人，「我想把媽媽從棺材裡挖出來，我相信她還活著。」

「你知道嗎？」他對妻子說，「躺在床上，我覺得媽媽好像就在這個屋子裡看著我，對我說她非常孤單，說希望我能陪陪她。有時，我覺得媽媽好像在責怪我，說我不是她的好兒子。」

為了買房子，他沒參加媽媽的葬禮

莉莉丈夫的這兩句話非常有代表性，反映了遭遇親人意外死亡的人，兩種最常見的心理。如果親人突然死亡，而我們又沒有聆聽到他們對我們最後的叮囑，那麼我們就很容易產生兩種幻覺：第一，如果我做了什麼，親人就不會死；第二，親人很孤單，希望得到我們的陪伴。

第一種幻覺，會讓我們產生強烈的內疚，因為畢竟我們沒有做到我們想像出來的有效措施。第二種幻覺，源自幼稚的想法，「相愛就是要永遠在一起」，而這會讓我們產生或輕或重的自殺衝動。

莉莉丈夫的第一句話，源自第一種幻覺，他覺得自己只要做一件事——把媽媽從棺材裡挖出來，就可以讓媽媽活下去。當然這只是表面上的說法，更重要的原因是，作為最後一個陪伴媽媽的人，他會認為自己是最大的罪人，因為只有他才有機會和責任做些事情把媽媽救回來。這種想法會讓他產生非常強烈的內疚和自責。

他的第二句話，源自第二種幻覺。他覺得媽媽很孤單，媽媽希望他去陪伴她。但這完全是他的幻覺，是他渴望向媽媽表達忠誠，是他認為愛就是要永遠在一起。

實際上，如果他有機會陪伴媽媽到最後，那麼媽媽很可能會對他說這樣的話：「兒子，我要走了，媽媽希望你好好活著。」

但可惜，他沒有機會聽到這句話。

不僅如此，媽媽去世後，在籌辦喪事期間，因為要辦理買房子的手續，他在家人的一致支持下，提前回到了廣州，沒有參加媽媽的葬禮。這一點強化了他的內疚感。因為，葬禮這個儀式，是完成對死去親人的真正告別與心理告別的最重要機會。在沒有聽到媽媽最後叮囑的情況下，葬禮的意義就顯得格外重要。

之所以兄弟姊妹都已走出媽媽意外去世的巨大創傷，而他卻在其中愈陷愈深，這是一個極為重要的原因。

常責怪妻子，只因為太自責

死亡，是一個艱難的話題，我們並不容易獲得面對死亡的大智慧。

莉莉也一樣，她對丈夫的內疚、自責和自殺衝動都沒有充分理解，這也導致她難以給予丈夫很好的支持。

莉莉說，為了丈夫，她去醫院看過精神科醫生，並在醫生的建議下，給了丈夫很多的安慰，譬如「要想開一點啊」、「人死了就不能復生」等。但人陷入巨大的消極情感時，這種水準的積極安慰是起不了任何效果的，反而會讓丈夫感到難受，讓他感嘆：「為什麼你就不能理解我的痛苦呢？」

當巨大的自責感得不到排遣時，人要麼選擇一死了之，要麼把自責變成責備其他人，以此來轉嫁自己的部分痛苦。

這是莉莉的丈夫不斷和她吵架的重要原因。莉莉講了兩個吵架的例子：一次是，丈夫雖然承諾會早點回家，但一直喝酒喝到凌晨三點才回來；另一次是，她做好早餐後，叫丈夫吃，叫了幾次他都坐著沒動，等再次叫他時，他突然間對妻子大吼一聲：「不吃就是不吃，你別煩我行不行！」

莉莉覺得很委屈，有時候會忍不住和丈夫爭吵，爭吵到最後，丈夫經常會說一句話：「我媽媽就是被你害死的！」

丈夫仍憤憤不平，而莉莉則覺得莫名其妙。

「我對婆婆沒做過什麼啊，他為什麼這樣說我？」在電話中，莉莉感到不解。

她當時的確不解，而這也是她晚上做那兩種可怕的夢的原因。

夢在給她答案，只是她不能理解。

夢的機制之一：置換

置換是夢最常見的機制之一，即夢的本來意義是一個人，而夢中顯示的卻是另外一個人。但夢中顯示的這個人，與白天發生的事情，或做夢人正在進行的心理活動，好像沒有明確的心理聯繫，這讓做夢人感到非常不可思議。

但如果把夢中顯示的這個人，換成另一個人，夢的意義就昭然若揭了。

像莉莉這兩種夢，其機制可能都是置換。活著的親人一個個死去，但每次夢中死去的親人都不一樣，這讓夢顯得很荒唐，不知道是什麼意思。但如果這些親人換成她丈夫，其意義就不言而喻了。

死去的親人從棺材裡跳出來打她，但每次夢見的親人都不一樣，這顯得也一樣是不可思議。但如果把這些親人換成她婆婆，理解起來也就沒有困難了。

「活著的親人」象徵著丈夫

第一種夢，「活著的親人一個個死去」，其真正意義可能是「活著的丈夫即將死去」。

莉莉一直沒意識到丈夫的自殺衝動。當談到她那次和丈夫凌晨兩三點的對話時，她只是自己感到不寒而慄，但沒有想過，整夜整夜失眠的丈夫，可能已經快捱不下去了。很可能任何一個這樣的夜晚，他都在生與死的邊緣掙扎。她忽略了這一點，而夢在提醒她，她身邊的一個很重要的親人有自殺的傾向。

她丈夫那句話「我媽媽就是被你害死的」，則很可能有另一種含義：「我亦即將被你害死。」

她丈夫可能對她有一些怨恨，譬如，那次凌晨三點丈夫才回家，這讓她很難過，並和丈夫吵了一架，她說丈夫為什麼就不想一想她是多麼孤單，而且一直在等他。但她可能沒有想過，對丈夫而言，回不回家一樣都是煎熬，因為他在哪裡都是失眠，都彷佛感覺到媽媽在對他說，她很孤單，希望他陪陪她。這樣一來，與其在家裡睜著眼耗著，倒不如借酒澆愁。

甚至那次因早餐吵架，他很可能也是因為想媽媽而在發呆，所以當妻子一次次呼喚他時，他失去控制地發起了脾氣。

和丈夫吵架之後，之所以她會夢見活著的親人死去，也許正是因為丈夫的話中隱含著自殺衝動。她每次夢見的死去親人都不同，這也是夢的花招，在提醒她夢境只是象徵意義，她最好不要去和具體的親人對上號。

「死去的親人」象徵著婆婆

第二種夢，「死去的親人從棺材裡跳出來打我」，其象徵意義可能是「死去的婆婆從棺材裡跳出來打我」。

其實，莉莉已經不止一次聽到丈夫說「我想把媽媽從棺材裡挖出來」這句話，但她自己卻一直選擇對夢與丈夫這句話之間如此顯而易見的連結視而不見。

但與前一種夢的意義不同，「死去的親人從棺材裡跳出來打我」還有其更難以理解的一層含義。畢竟，「活著的丈夫即將死去」這不需解釋，但「死去的婆婆從棺材裡跳出來打我」顯然是不可能的事。

那麼，它的意思是什麼呢？我的理解是，它在告訴莉莉，不是丈夫想責怪你，只是因為婆婆的死給丈夫造成的壓力太重了，他的自責太重了，所以他要透過責備她來減輕自己的內疚。「不是丈夫要『打』你，而是婆婆的死在『打』你」，這應該是這個夢的真正含義。

當親人意外去世後，活著的我們既自責又相互指責，這是最常見的現象之一。自責是因為自戀，是因為我們幻想自己很強大，而無視其實死亡的發生是更強大的力量在發揮作用。相互指責則是為了減輕內疚，否則我們會覺得自己活不下去。

但是，很多家庭就是因為這種相互指責而瓦解的。美國學者曾統計，當有孩子意外死亡後，夫妻選擇離婚的機率數倍於正常的家庭。

莉莉感覺到了這一點。在電話中，莉莉最後說了一句話：「我感覺我們早晚會走到離婚這一步。」

是的，如果丈夫不停止對妻子的指責，這個家庭是很難繼續下去的。並且，離婚還有另一層誘惑，即丈夫透過終結自己的幸福生活這種自我懲罰，表達了對媽媽的忠誠，「媽媽，你去世了，但我也很苦，所以我們還是在同甘共苦。」

要丈夫停止對妻子的指責，首先他要學會停止自責。他最好去接受心理治療，在心理師的幫助下完成對媽媽的告別。

到了那個時候，他會真正明白，他的自責、內疚和自殺衝動，都不是對媽媽的尊重。因為如果有可能的話，媽媽勢必會對他說：「兒子，我要走了，我祝福你，希望你幸福。」

這是一個可以呼喚靈魂的湖

夢者

Wing，女，不到三十歲。

夢境

奶奶去世一年後，我夢到有一天傍晚，我沿著一條石路來到一個湖畔，湖岸上砌著很多黑色的大石頭，湖水也是黑色的。我突然大聲呼喚奶奶的名字，她出現了，過來拉著我。

原來，這是一個可以呼喚靈魂的湖。漸漸地，湖上陌生人愈來愈多，他們都在大聲地呼喚著。

分析

顯然，這是一個關於死的夢。但是，讀這個夢時，我沒有一點的恐懼感。相反，倒是對這個夢有一種說不出的好感。

後來，把這個夢說給解夢高手榮偉玲聽，她和我一樣，也在第一時間對這個夢和做夢人產生了說不出的好感。於是，我們斷定，這很可能是一個大夢。

所謂大夢，即夢揭示的，並不只是做夢人自己生命層面上的東西，還反映了人類一種普遍的東西。具體就是，這個夢超越了Wing一個人的生活層面，它是對生與死本質上的揭示和反映。

後來，Wing給我的信也驗證了這一點。她寫道，「對她（奶奶）來說，安詳地走完人生最後一程，可能是好事，只是我對生與死未能看透。」

她的意識是沒有參透生與死，但她的潛意識可能已經做到了，並試圖透過這個夢來指引她。死亡是大自然的規律。做這個夢時，Wing的奶奶已去世一年。她在信中說，奶奶去年初病了，在大家以為病差不多治好的時候，奶奶某天在睡夢中突然去世，當時沒有一個親人在場。

奶奶已經是高齡，而且睡夢中去世意味著沒有什麼痛苦，這算是非常好的死亡方式了。然而，活著的親人不會這麼想。面對這種情況，我們會產生極度的懊悔，並忍不住想：「如果我當時在場，並做了什麼事情，親人就不會死了。」

這當然是一種妄想，因為當死亡逼近的時候，我們能做的事並不是很多，只能陪伴，陪伴親人走過生命的最後一程。但單純的陪伴是非常難受的。自戀的我們總以為，我們有能力，可以做很多事情，阻止死亡的發生。

譬如，當親人患上癌症等不治之症時，我們拚命地帶親人做各種治療，甚至不惜傾家蕩產。但是，我們其實知道，這些昂貴的治療很多時候並沒有什麼效果，它最大的作用就是讓活著的人好受一點，「畢竟，我們盡了力。」我們會這樣想，並認為這才是愛的表現。

這是愛的表達方式之一，也是自戀的表達方式之一。我們懼怕死亡，我們內心中自以為自己是強大的，甚至強大到可以抵抗死亡。但是，死亡是大自然的規律，是不可避免的事實，是我們必須加以尊重的力量。我們應學會坦然地面對一些不可逆轉的死亡。

內疚常源自幻覺

其實，絕大多數情況下，親人去世時，他們會教會我們一種態度。假如你能在最後一刻趕到，那麼即將去世的親人會用相當坦然的態度對你說：「我要走了，你們要好好活下去。」前文提過，這種最後時刻的祝福至關重要，它會讓活著的我們真切地感受到，親人的死亡沒有那麼可怕。

更重要的是，這種最後時刻的祝福，會打斷我們最常見的兩種幻想：第一，我如果做了什麼，親人就不會死；第二，親人好孤單，希望我去陪伴他。因為第一種幻想，我們會產生內疚；因為第二種幻想，我們會產生或輕或重的自殺傾向。

這不是一個噩夢

Wing沒有聆聽到摯愛的奶奶最後時刻的祝福，這讓她也產生了幻覺，只是比較輕微，這可以從她的信裡看出來。「我覺得她太孤單，不捨得她離開。」她寫道。

至於這個夢，在我看來，就是奶奶完成了臨死前對孫女的祝福，只不過是在夢中完成的。黑色的湖水，Wing已經明白，這意味著靈魂之湖。她呼喚奶奶，但不僅奶奶出現了，還出現了許許多多的陌生人。這彷彿在說，奶奶並不孤單，奶奶是進入了另一個世界，那是她的年齡、她的人生勢必將進入的階段。奶奶拉住她的手，也彷彿是在安慰她，告訴她不必自責。

夢的細節還欠缺一些，所以不能就夢做太詳細的解讀。但就Wing的文字風格，以及其中透露的情緒而言，這應該不是一個噩夢。

不過，既然Wing信中沒透露奶奶有沒有對她說最後的祝福，我建議她自己試著完成一下。譬如，重新想像整個夢的畫面，但在最後，想像奶奶對自己說：「好孫女，我來到了我該來的地方，你要好好地在你該在的地方活著。奶奶祝福你，祝福你的小家庭幸福美滿。」

十條建議

這篇文章發表後，我收到了很多講類似的夢的信。這些信，都是因為有親人意外死亡，而導致當事人產生內疚、自責而無法自拔。我無法一一回覆這些信，希望在這裡給一些共同的建議。

一、親人離世之前，請盡可能回到他身邊，要聽到他對你說的最後一句話，這至關重要。並且，不要輕易因為任何原因而不參加葬禮。

二、親人離世前的最後一句話，幾乎都是對你的祝福：「我要走了，你要好好活下去。」

三、如果沒有聽到這句話，你必然會產生內疚與自責，並且會有幻覺，覺得他／她好像希望你去陪伴他／她，並因此產生或輕或重的自殺衝動。請明白，這不是你的特殊感受，而是所有與你有類似遭遇的人的共同感受。

四、親人的最後一句話一般是祝福，所以你覺得他／她希望你去陪伴他／她，這只是你的幻覺，是發自你內心的願望，但並不是他／她的。

五、自責是嚴重的自戀。導致意外死亡的，是你不能左右的力量，你是因為幻想你特別有力量，才有了嚴重的自責，但實際上，你能做的選擇並不多。

六、親人之間相互指責時，請理解，他們並不是真要責怪你，而是因為死亡的壓力太大了，他們不得已要推卸一些責任，雖然這責任其實是虛無的。

七、不要以摧毀你自己的幸福生活這種自我懲罰的方式，來表達對死去親人的忠誠。這實際上是對愛的背叛，因為他／她絕對不希望看到你懲罰自己，而是希望看到你幸福快樂。

八、摯愛的親人意外死亡，會給你帶來嚴重的心理創傷。如果你不能撫平心理創傷，請去尋求心理師的幫助，或者學會向能理解你的親朋好友傾訴你的痛苦，但所有這些努力，都是為了完成對死去的親人的告別。

九、當有人向你傾訴這種痛苦時，不要對他說「忘記不就得了」、「要想開一點啊」、「人死不能復生」等這些「絕對的真理」。在巨大的痛苦面前，這些「絕對的真理」是沒有任何用處的。與其做這種安慰，不如靜靜地聽他說，陪著他流淚。不要怕他哭，不要怕他流淚，因為哭和流淚是最好的治療。

十、無論怎麼努力，痛苦都會存在，內疚也不會完全消失，這是正常的。

此外，我也推薦海寧格的著作《誰在我家》、《愛的序位》和日本作家村上春樹的著作《挪威的森林》（尤其是書中玲子和渡邊給直子做一個「不淒涼」的葬禮那一段文字），這些書會讓我們學習如何面對死亡。

我殺死了一個二十三歲女孩

夢者

菲菲，女，二十七歲，外商員工。

夢境

我親手殺死了一個二十三歲的女孩，她剛剛大學畢業。不過，沒有人知道是我殺死了這個女孩。並且，只要我不說出是我殺死了她，人們就都認為是我丈夫殺死了這個女孩。

分析

菲菲是我在一個課程中遇到的同學，她來上這個課程，是因為她面臨著一個巨大的難題——

離婚還是不離婚。

表面看上去，她好像沒有什麼理由不離婚，這個婚姻好像也快沒救了。但是，我和她聊了一次後發現，她的幾次戀愛和這次婚姻都有一個特點——都是在相處兩年半的時候結束的。此外，我也知道她兩歲半時媽媽和爸爸離婚，而她跟了爸爸。

這顯然是一種輪迴，是她自己在潛意識的驅使下，不斷重複兩歲半時被媽媽「拋棄」的痛苦經歷。我指出了這一點，並明確告訴她，這是她的潛意識主動追求的結果。

同時，主持這個課程的老師也給她做了一次治療。當天晚上，她便做了這個夢，醒來後她沒有動彈，保持剛醒來時的姿勢不動，讓夢中的這些情節一個個地在腦海中進行自由聯想。透過這個辦法，她很快明白了這個夢的含義。

關鍵是二十三歲的女孩這個情節。對於這個情節，她聯想到自己二十三歲大學畢業那一年，堪稱是她生命中最亮麗的時刻，其中一個經典事件是她在學校一次活動中被評為校花。

兩年後，她結婚了。結婚後，她覺得她的漂亮和風采會給丈夫造成壓力。於是，她努力收斂起自己的活力，很少參加社交活動，不買漂亮衣服，甚至有時故意把自己打扮得醜一些。這就是夢中她殺死那個二十三歲女孩的寓意了。她的確做了這樣的事情，只不過殺死的是她自己。

一直以來，她覺得自己為丈夫做了太多犧牲，但丈夫卻對她愈來愈冷淡，這讓她非常憤怒。這是她提出離婚的一個重要原因。

然而，這個夢告訴她，是她自己殺死了自己，這是她的主動選擇，並不是她丈夫的需要。所以，她要為這一點負責，假若她因此對丈夫有怨氣，那就是她在玩嫁禍的遊戲了。

事實上，一直以來她無形中都在玩這個遊戲。她的朋友們多贊同她離婚，其中一個重要原因是他們認為，她結婚後風采一天不如一天了。

不過，為什麼她會故意壓抑自己的風采呢？前面提到，這是因為她認為，她如果太漂亮，丈夫會有壓力，會覺得配不上她，也擔心她招蜂引蝶。不過，在這次自我解夢中，她透過自由聯想明白，產生這種想法的表面原因是她認為這是丈夫的需要，但其實它由來已久，最初是在她的原生家庭中形成的。

她的媽媽也是美女，而媽媽與爸爸離婚，菲菲下意識的分析是，媽媽太漂亮，而爸爸不放心她，兩人因而起了很多糾紛，最終導致了離婚。

不僅如此，爸爸也很不喜歡菲菲把自己打扮得很漂亮。爸爸這樣做，表面上的一個理由是，女孩子這麼做是虛榮和輕浮。但菲菲潛意識中的認知是，爸爸與她相依為命，很害怕她太受歡迎而遠離自己。菲菲作為女兒，和其他女孩一樣，願意向爸爸表達忠誠，所以無形中一直壓抑自己的風采。

「那麼，你的丈夫呢？你能確定他也有類似的心理嗎？」我問她。

她想了想，說多少也有。

對此，我解釋說，即便你丈夫真的有這種心理，這裡面也有很多的矛盾。是的，很多男人懼怕妻子不忠，為此會有意無意地向妻子施加壓力，讓妻子收斂其風采。但是，假若妻子真的這樣做了，甚至還做得很成功、很徹底，那麼她很容易會收穫一個惡果——她丈夫對她的興趣日益下降，最終對她再無興趣，甚至拋棄她。

這種心理，就好像小孩子一樣，一開始得到了一件迷人的禮物，非常愛惜，但禮物愈來愈破舊，最終被他扔在角落裡。

所以，不管丈夫是怎樣的心理，一個女子都應保持風采。這樣一來，她的丈夫會有壓力，但這壓力會讓他更用心去珍惜她。

同時，這個保持著自己風采的女子還可以讓他相信，她對愛情是忠誠的，她既可以風采照人，又能保持對愛的忠誠，美貌與忠誠並不是矛盾關係。

菲菲說，她接受這個道理。她之所以壓抑自己的風采，是因為她將這兩點視為不可調和的矛盾，但她相信，她可以從現在起學習一邊找回那個二十三歲女孩的風采，一邊又讓自己和丈夫相信愛的忠貞。

這是一個稍稍長遠的目標了。而更現實的一個啟發是，菲菲說，透過這個夢，她愈加明白，她原來之所以如此迫切地想要和丈夫離婚，一個重要原因是推卸自毀的責任，而一旦將這個責任承擔起來，離婚一事似乎就不是那麼迫切了。

Part 3

考試夢

接受考驗是強大自己的唯一出路

經常夢見考零分

夢者

M，男，近三十歲，某醫藥公司高管。

夢境

大學時，遇到一難關，要解決幾乎是不可能的，除非有奇蹟或神話發生。但是，問題如果不解決，我就完蛋了，大學就白讀了。

然而，奇蹟發生了，我經過兩三年的艱苦努力，到最後成功地解決了難題，創造了一個學校史無前例的經典案例。

只是，儘管難題解決了，但它卻經常出現在我夢中。尤其最近五年中，我不知道夢見過它多少次。每次夢到這一情境，我都會重新體會到當時極其無助和惶恐的感受，於是每次都是一個噩夢。

最近幾天，這個夢又頻頻出現。雖然醒來後知道這只是一場夢，但做夢時的痛苦感受還是清晰地留在記憶裡。太難受了！

分析

M是在一個論壇上發文，請大家給他解夢的。發文後，引起許多人回覆，說他們也常做考試的夢。

顯然，儘管M沒有明說他的難關是關於考試，但大家都自動地將它當作考試夢了。這可以理解，因為M說的就算不是考試夢，也算是考試夢的一個變體。

不過，不同的是，M夢到的是大學的難關，而其他人夢到的幾乎清一色是高中時候的考試。相同的是，做這些夢的時候，大家都感到非常焦慮。

對此，我自己也深有體會。我常夢到自己還是研究生的時候，從北京大學心理學系退學，然後回到曾經就讀的高中重讀，再次參加高考，目標還是考北京大學，但報的卻是其他專業。

並且，我還常夢到，自己在讀高二或高三，在期中或期末考試的時候，數學考試出現大問題，一題都答不出來，成績總是不及格，而且經常是零分。

此外，我收到的讀者來信中，也經常有人談到關於考試的夢。

由此可以看出，考試夢是一種常見的夢。它明顯有著一些共同的心理含義。那麼，它的含義是什麼呢？

考試即考驗！

這是考試夢最簡單的心理含義。做考試夢的時候，多數是因為我們的現實生活中遇到了考驗，這種現實的考驗喚起了我們內心深處的焦慮。

M自己也發現了這一點。他寫道，他即將去應聘一家港資公司的副總，對此感到焦慮。就是說，應聘這一現實考驗帶來的焦慮，進入夢中就化成了曾經的考試焦慮。這是他的夢最基本的含義。其他人的考試夢，也大致都是這個意思。

不過，如果細緻地分析的話，這些考試夢至少還可以分出兩層含義：超我的懲罰、本我的鼓勵。有時，還會有第三層含義：道德的考驗。

超我的懲罰

佛洛伊德將人的人格結構分成三個部分：本我、超我和自我。本我即欲望和本能層次的力量，超我則是規則層面的力量。本我渴望為所欲為，而超我則控制本我，自我則有著協調超我和本我的功能。

對於這個人格結構，還可以有更直觀的理解，即將本我視為一個人的「內在小孩」，而將超我視為其「內在父母」。

「內在小孩」和「內在父母」，形成於一個人六歲前的經歷，基本上就是這個人小時候與最主要撫養者的關係模式的內化，即現實中父母對待他的方式，最終會被他內化為「內在父母」；而幼小的他，則被他內化為「內在小孩」。

心理學研究發現，一個人六歲後人格就基本定形，以後可以改變，但難度很高。也就是說，這個人六歲前與父母的關係模式，決定了他的基本人格結構。

那麼六歲前，父母對一個孩子的懲罰，就會被永遠根植於孩子的潛意識之中。譬如，你做了一次惡作劇，受到了父母的嚴厲斥責，那種記憶就會扎根於你的內心。如果父母相對比較嚴厲，你經常被父母嚴格教導或懲罰，就會形成一個強大的超我。

或者，父母儘管不嚴厲，但因一些特殊的原因，你很小的時候就主動約束自己，做得像一個小大人似的，也會形成一個強大的超我。

譬如，父親太忙，媽媽多病，父母都很愛你，而你則會以愛回報給父母，很小的時候就能主動去幫父母做一些力所能及的家務。這樣一來，你很小的時候就成了一個「小大人」。這樣一個小大人會得到親朋好友的讚揚，大家都會誇你懂事。這看似是好事，但其實這個小大人的本我被壓抑了，你也會形成一個強大的超我。

不管什麼原因，只要一個人擁有強大的超我，就很容易在面臨考驗時感受到焦慮。只是，這種焦慮並不僅僅是生存性的，還帶著懲罰性。即，他害怕通不過考驗，不僅僅是害怕自己在生存競爭中被淘汰，也害怕得到懲罰，既是害怕再也得不到老師、家長或其他人的認可，也是害怕得到超我，亦即「內在父母」的懲罰。

現在，我們整個社會似乎都變成了應試社會。對於一個孩子而言，好好上學並取得好成績是最重要的事，也是家長最為關注的事。那麼，相應地，他的超我與本我的衝突，也最容易體現在這一點上。

於是，小時候我們容易擔心如何通過父母要求的那一關，到了高中則變成，如何通過高考這一關。這一關，既是現實的父母、老師和社會對我們的考驗，也是「內在父母」或超我對我們的考驗。

並且，高考最重要，高中最煎熬。儘管以後我們走入社會，面臨著各種各樣的考驗，但高中的考試焦慮仍然是我們所體驗過的最強烈的焦慮。這種焦慮深入到潛意識中，最終替代了小時候被父母考驗時的焦慮，成了一種標誌性的焦慮。一旦我們再次遭遇考驗，高中時的考試焦慮就會在夢中重現。

由此，不難理解，當M說出自己的夢後，其他人回覆時，談的多數都是自己高中時的考試焦慮。因為這是他們所產生過的，最強烈的焦慮。

M有所不同，他夢見的是大學時的考驗，這源自他自己的特殊體驗。他高中時儘管和別人一樣有所焦慮，但他大學時所面臨的考驗是最嚴峻的，而且持續時間又很長，這導致他產生了最強烈的焦慮，最終成了他的標誌性事件。

我的夢境也反映了自己經驗的特殊性。我常覺得自己讀研究所時，荒廢了太多時間，並且一度也達到難以畢業的邊緣，於是產生很強烈的焦慮，經過艱苦努力，最終才度過了這一難關。

並且，我的高三也很特殊，也是經過艱苦努力，一門課一門課地把成績提上來，最終戲劇性地在最後一次模擬考試和高考中，都考了全班第一名。但這兩次是我高中三年僅有的兩次進入全班前十名，也由此傳奇般地考進了北京大學。

這樣一來，這兩次事件就成了我生命中的標誌性事件。於是，一旦再次遭遇到什麼考驗，我的夢就很容易同時出現度過這兩道難關時的情形。

不過，為什麼老是夢見數學考零分呢？這也和我的特殊經歷有關。本來，我的數理化都相當糟糕，但只用了兩個月，就把物理和化學成績從六十多分提高到了接近一百分，唯獨數學，我用了高三整整一年的努力，才接近滿分。也就是說，高三是標誌性的焦慮事件，而數學是標誌性事件中的標誌，常夢到它就不難理解了。

本我的鼓勵

強大的超我所引起的焦慮和懲罰，是考試夢的明顯含義。不過，這還不是考試夢的最關鍵資訊，最關鍵的資訊其實是本我的鼓勵，或者說，是本我對超我的反抗。

這怎麼理解呢？

最簡單的理解就是，做考試夢的人最終都會發現，儘管他在夢中沒有通過考試，但現實生活中，他其實已經通過了這些考試。

譬如，M的夢中，再現了他在大學時的難關，而且他失敗了。但其實，他經過艱苦努力後，是通過了這一難關的。

再如我自己，研究生畢業，我通過了。高考，我通過了。數學，我最後也征服了。但在夢中，我的數學要考零分，高考要失敗，而研究所沒畢業，甚至還要回到高中重讀。

還有M的發文中，有一個網友C回覆說，在夢中，他考試交白卷的常常是化學，而他的化學成績卻一直是全年級第一名，每次都比第二名高好多分。

國外一些心理學家也發現了這一點，一位心理學家寫道：「我從來沒有通過法醫學的期終考試，但我在夢中從未為這件事操心過。同時，我卻常常夢見植物學、動物學和化學考試。我曾為準備這些考試感到特別焦慮。但是，不知是老天保佑還是老師大發慈悲，我總算過了關……我有一個病人告訴我，他決心不放棄第一次升學考試，後來通過了，再後來他參加部隊考試失敗因而從未得到任何委任。他說他常夢見前一種考試，卻從未夢見過後者。」

這是一個很有趣的地方。考試夢選擇的，其實都是自己成功克服的標誌性焦慮事件。這些事件，充分調動了我們的超我，令我們感到很焦慮。但它們也充分調動了本我的能量，最終幫助我們衝破了難關。

那麼，我們再次面臨考驗，並由此夢到我們面臨過的標誌性考試事件，這是不是也是夢同時在調動我們的超我和本我呢？

結果是，一方面，我們的確很焦慮，譬如M會在醒來後覺得很不舒服，我自己也會因為做了考試夢而感到不爽。但另一方面，這些夢也很像是潛意識在安慰我們：沒事的，你是遇到了難關，但你不都衝破了嗎？

有時，我們會鮮明地感受到後一點。譬如，M在因夢中沒有通過難關而難過之後，可能會憤憤不平地對自己說：夢算什麼！我現實中早把它征服了！

意識上，這是在說夢。但潛意識上，當他這樣說的時候，他面對現實中的考驗——應聘港資公司副總——的衝勁也會被激發出來。

再如，一個成功的醫生夢見自己沒有通過醫學資格考試。他醒過來後，會憤怒抗議說：「胡說！我已經是一個好醫生了！」當他這樣說時，他本我的力量一樣也被激發了出來。

我自己猜測，超我強的人，考試夢中的焦慮程度就愈強。超我較弱的人，考試夢中的焦慮程度就較弱。也就是說，超我太強的人，很容易夢見那種曾命懸一線，自己經歷了非凡努力才終於通過的考試；超我較弱的人，儘管也會做考試夢，但選擇的卻都是那種令自己不是非常焦慮的考試經歷。

譬如，C夢見自己老過不了化學考試，而他化學成績一直是第一。那麼，這個夢看上去超我較弱，而本我的安慰劑效果就很強。因為，相信C在醒過來後，會很理直氣壯地對自己說：什麼鬼夢，一點道理都沒有，我對自己的化學成績可是一點都不懷疑的。

至於M和我，可能會在做了考試夢之後，有好長一會兒時間回不過神來，因為我們在衝破自己面臨的難關上，並不是那麼容易，所以我們也難以做到很快就理直氣壯地對自己說，夢是在胡說。

道德的考驗

引發考試夢的現實考驗，除了應聘、升職等功利方面的考驗外，還有道德方面的考驗。譬如，一個道德感很強的人，突然想突破道德的約束為所欲為，這時也可能會夢見考試。這不難理解，因為道德是典型的超我層面的內容，所謂的為所欲為，則是典型的本我層面的內容。道德感很強的人，也就是超我很強的人，渴望順從源自本我的願望時，勢必會引發超我和本我之間的強烈衝突。

我收到的幾封讀者來信，反映了這一點。他們接受的是傳統教育，道德觀念特別強，但是他們有了婚外情。於是，他們也做了考試夢，並夢見自己考試沒及格，甚至考了零分。這種考試，就是道德考試了。

考試沒及格甚至考零分，反映了超我對本我的強烈懲罰或批判。

一些超我很強的人，在成年後會突然變得為所欲為。這是因為，他們隨著年齡的增長，感受到自己的本我被壓抑得太厲害了。於是，他們開始有意識地挑戰自己的超我。以前，父母或社會怎樣教導他，他現在就反著來。我的一個諮商師朋友說，這種辦法是「用本我摧毀超我」，可以令本我逐漸變得強大。

本我的強大很重要，因為它是我們人格力量的源泉。一個超我太過於強大的人，會讓人覺得他沒有魅力、沒有意思；而一個本我強大的人，儘管他看上去可能令我們不快，但我們很容易被他吸引。

然而，如果我們強行走向與超我相反的方向，那勢必會更強烈地引發本我和超我的激烈衝突。這樣一來，考試夢可能會出現得更頻繁。

M談到，以前父母對他非常嚴格，但上了大學後，他變得為所欲為。我感覺他現在似乎還在延續這種傾向，這讓他看上去似乎頗有魅力，但同時也加劇了他超我和本我之間的衝突，考試夢也因而頻頻出現。

高考不是你的敵人

夢者

小雨的同學，一名高三學生。

夢境

在最近一次模考（模擬考試的簡稱）後，我的一個同學做了一個夢。他夢到自己身處大學宿舍，宿舍並不狹小。他在宿舍中見到了闊別已久的小學同學（那個小學同學曾誤殺過人）。小學同學對他笑，還擁抱他。一覺醒來後，他覺得整個人非常舒服，有種豁然開朗的感覺。我們是在一所省級重點中學念書，他的成績向來都不算差，而他在這次模考中考砸了。

分析

小雨在給我的信中，描繪了他同學做的一個夢。

在解這個夢之前，我先講一下我對模擬考的認知。在我看來，模擬考有兩個功能：第一，模擬高考的感覺，讓考生進入狀態。第二，查漏補缺，讓考生更加了解自己的優點和缺點，尤其是缺點。

從第一個功能上看，考試成績愈理想愈好，那樣可以讓自己更有自信；從第二個功能看，如果考砸了，作為考生，我們也該高興，因為在高考前讓我們發現了自己的漏洞，可以及時進行修正。

然而，我發現，真正能認知到第二點的人顯然是少了點，大多數考生都將注意力放到模擬考試的第一個功能上，在很大程度上將其與高考等同了起來，下意識裡以為這次考得怎麼樣，高考時也會有類似水準的發揮。於是，模擬考試成績理想了，自己就很高興；模擬考試成績不好，自己就忐忑不安。

但是，模擬考試和高考出現極大差異的例子實在是數不勝數。有不少考生，因為模擬考試成績好，多少有點飄飄然，而成績一貫很好的考生，還可能會有點麻木，帶著飄飄然或麻木感進入高考考場，發揮失常就不難理解了。

相反地，有些考生，因為在模擬考試中發現了自己的缺點，然後及時改正，而最終在高考中獲益匪淺。

並且，對於那些成績一向不錯的考生，一次失敗的模擬考試相當於一種醒人的刺激，可以令他們從重複學習所帶來的準麻木狀態中甦醒過來，而處於一種適度興奮狀態，帶著這種興奮狀態走進高考考場，有好的發揮就不難了。

我希望小雨和他的同學都能意識到第二點，如果他們真能明白這一點就會懂得，如果模擬考失敗了，那麼應當感激這種失敗，因為它會給他們帶來以上這些好處。

有這種意識的人，一般是有大局觀的人，這樣的人不會局限於一件簡單的事情，而習慣從整體的角度上看待一件事情。例如，如果僅僅從模擬考試這一點上看，考試成績不理想自然是一件壞事，但假若站在整體的角度看，這一點的失敗，反而會對未來的高考有貢獻，那自然就不必太懊惱了。

心無羈絆的人容易看到這一點，看不到這一點的人，常常是因為心有羈絆。

對於一個考生而言，這種羈絆就是如我們常說的「老師和家人的期望」，這既是考試焦慮的主要原因，也是解開小雨同學的夢的關鍵。

父母期望高，孩子壓力大

以前讀書時，我一直是「考試機器」，即每遇到關鍵考試時，我總是睡得更香、吃得更多、玩得更愜意，而最終則總是「超常」發揮。小學考初中、初中考高中和高中考大學，我無一例外都是如此。

那時，我覺得實在難以理解我的一些同學，他們平時成績很好，甚至經常考全年級第一名，但到了升學考試時卻總是發揮失常。後來讀了心理學，又了解了很多這類考生的故事細節，我才明白，他們是背負了太多的期望。

例如，一個女孩，如果考試低於百分制的九十八分，她就會自動跪洗衣板半個小時，以此懲罰自己。

這看似是極其自覺，是自己懲罰自己，但其實是「內在的媽媽」在懲罰「內在小孩」。原來，以前她只要考九十八分以下，媽媽就會打她罵她。懲罰得多了，她就乾脆內化了媽媽的這種方式。以前是媽媽苛刻地對待她，現在是她自己苛刻地對待自己，但其實質是一樣的。

很多父母喜歡看到孩子如此「自覺」。但是，這種「自覺」的另一面是極大的焦慮。譬如這個女孩，每到重大考試時，她便會坐立不安，因為她的「內在小孩」無時無刻不在擔心遭到父母的懲罰。

這是考試焦慮的一種來源。另一種來源則是父母的期望。有些父母，從來不會動孩子一根手指頭，但他們會經常直接或委婉地對孩子說，他們為他／她付出了很多，他們希望他／她能從成績上給予回報，「咱們一家人的未來，就繫在你的身上了。」

本來一個人的命運就夠重了，卻還要背負父母兩個人或更多人的期望，孩子不焦慮才怪。

並且，很多故事也表明，當父母的壓力太大時，孩子意識上會順著父母的意思去努力學習，但潛意識上會故意挑戰父母的意願。

例如，一個高中生，他每次小考成績都不錯，但一到了升等考試或畢業考試等重大考試時，就會發揮失常。當對心理師講起最近的一次失常時，他的嘴角不經意露出了微笑。當心理師和他深入探討這個細節後，他終於說出了心裡話：他討厭父母整天給他施加壓力，所以他有意要讓他們失望。

如果父母給了孩子太多壓力，一個孩子容易將父母的壓力合理化，那麼，當老師也向他施加壓力時，他一樣也會將老師的壓力合理化。於是，老師和家長的壓力都成了不能承受之重。

我父母極少給我壓力。考初中時我是全年級第一名，初中第一次期中考試就降到全年級二百多名，即便如此，父母也對我沒有一句指責。俗話說，人有臉樹有皮。每個人天生有爭強好勝的心理，再說，如果沒有了外在壓力做為動力，一個孩子也會有內在的學習動力——從知識中滿足自己的好奇心。因為這兩種動力，我最終在初中畢業考試時又拿到了全年級第一名。

很多時候，父母和老師給的壓力是不合理的。這些壓力不僅會令我們焦慮，也可能會令我們反感，這都會阻礙我們心無羈絆地看待模擬考試和未來的高考。

模擬考試失敗，只是一次「誤殺」

現在我們再一起來分析一下小雨同學的這個夢，其含義的確是太豐富了。

他夢見的那個小學同學，其實可以理解為他的另一個「我」。

小學同學殺過人犯過罪，這意味著，他潛意識中覺得，自己考砸了，是一種犯罪。

自然，這是「內在小孩」對「內在父母」的犯罪。

不過，小學同學是「誤殺」，這是在說，他的發揮失常是「失誤」，不過是一個意外而已，而不是他的真實意圖，也不是他的真正水準的展現。

小學同學擁抱他，讓他感覺很舒服。這可以理解為，他的一個「我」和另一個「我」——亦即「內在小孩」和「內在父母」——相互擁抱，並達成了理解，「我知道你是無意之失，我知道這不是你真正的意圖。所以，你不必太有壓力。」

在夢中，他和小學同學在一所大學的宿舍相見，這是潛意識在安慰他，告訴他會考上自己所中意的大學。

夢中的宿舍「並不狹小」，這可能是他平時太焦慮了。焦慮就類似是「在狹小空間中的煩悶感覺」，夢將他置於「並不狹小」的空間，有類似治療其焦慮的功能。

總之，這個夢是他的潛意識和意識的對話。夢告訴他，你這次模擬考試成績不理想，只是一次「誤殺」，並不是你有意而為，所以你不必太焦慮，放下這些過分的焦慮，你還是會考上中意的大學。

從夢中醒來後，他還沒從意識上明白這個夢就感覺很舒服，這是很正常的事情。因為我們只需要清晰地捕捉到潛意識，潛意識就可以對我們發揮重大的影響作用了，而從意識上解讀出來，很多時候不過是錦上添花而已。

不過，從另一個角度看，他夢中將考砸和「誤殺一個人」畫上等號，這也意味著，他的心中充滿著憤怒。而這憤怒的指向，既可能是他的「內在父母」，也可能是他的「內在小孩」。從邏輯上看，後者可能性更大，即這次考砸有點自毀的傾向。但從情理上看，之所以自毀，也恰恰是為了向父母表達憤怒。

給考生的建議：調整狀態，準備衝刺

接下來，我再對所有考生提一些建議。

第一，從整體的角度看高考。那樣就會明白，現在所發生的一切都是在為高考做準備，如果你能充分地記取經驗和教訓，那麼無論成功和失敗，其實都是你的財富。

第二，認識你的焦慮。如果是適度的焦慮，那麼這是很好的東西，不必因為總聽到「考試焦慮」這個詞，而擔心自己是不是也有心理問題。

但是，如果覺得自己太過焦慮，並清晰意識到這種感受是來自家人所給的巨大壓力，不妨鼓足勇氣告訴父母——請少給我壓力，你們這樣做，不是幫我，而是在害我。你還可以告訴父母——你們不必圍著我轉，不必為我做太多犧牲，該做什麼就去做什麼，那樣我會以最舒服的狀態迎接高考的挑戰。

第三，不要把考試當作敵人。多數考生都將考試當成了敵人，把考官當成了對手，而自己則是被放到了類似被迫害的位置上。這樣一來，作為考生，你就會對考試戰戰兢兢，並對考試和考官心懷抵觸。

這種心理大可不必，你完全可以把考試當作朋友，試著想像自己就是考官，並試著站在考官的角度上做一些思考，譬如某某知識點，如果你是考官，你會怎麼出題。有了這種意識，你就對知識點、試卷、考場和考官有了親近感，有了這種親近感，過分的焦慮就不容易產生了。

其實，之所以在考試時過分焦慮，還是因為我們將「挑剔的內在父母」投射到了知識點、試卷、考場和考官上，於是覺得周圍的一切都是在考驗自己，就很容易焦慮了。

第四，對最後一個月做一下規劃。這是很重要的一點。有了一個清晰的規劃，你就不會把注意力都集中在每一天上。如果把每一天都當作最後一天過，會一直處在比較重的焦慮中，因而容易導致自己愈想過好每一天，就愈容易浪費每一天。最好從最後十來天或一星期開始，將自己的日常作息調整到和高考時一樣，不早起，也不晚睡。

此外，視自己的感覺逐漸調整狀態，令自己的狀態在高考到來時達到最好。不過，在這一點上不必追求強迫症式的完美，只要沒有太大的心理負擔就可以了。譬如，我一個朋友，在托福考試前一晚徹夜失眠，她以為自己這次要考砸了，但進考場後，她對自己說：就這樣吧，豁出去了。沒想到，沒有心理負擔後，她的心態很快調整到適度興奮狀態，最後居然超水準發揮。

第五，適當思考一下考試後的事。這對減少焦慮也有幫助，因為，如覺得未來不可預測，我們必定會產生焦慮。那麼，對未來做好預測，這種焦慮就會銳減。這時也要學會站在人生這個整體的角度看高考，那樣就會明白一點：高考是很重要，但高考只是人生的一個重要瞬間；所謂勝敗也只是這一瞬間的勝敗，它的確會帶給我們很多，但它遠不能決定我們一生的成敗。

第六，認真研究考試辦法。這一點對知識水準比較高的考生非常重要。高三主要是重複學習，但隨著重複學習的次數增加，我們對知識的興奮度會逐漸下降。最後時刻再去重複學習，對於很多學生已經意義不大，遠不如多花些力氣來思考考試。很多老師也會講解考試的辦法。但是，老師給你的辦法，並不能準確無誤地提高你對考試的掌控感，你要找到一套適合自己的考試辦法，才能有效地提高你的掌控感。有了這種掌控感，你不會再覺得在如此關鍵性的考試面前，你是一隻被檢驗、被考查，甚至被宰割的綿羊了。

第七，掌握一些簡單的放鬆技巧。譬如深呼吸法，譬如緊握拳頭再放鬆，這些技巧我就不贅述了，你可以輕鬆地在網路上找到詳細的講解。

給考生父母的建議：告訴孩子，我們永遠愛你

既然考試焦慮的源頭多是父母，那麼父母給孩子減壓，自然是非常重要的事情。作為父母，如果你意識到了這一點，並發現孩子的確出現了明顯的焦慮，那麼可以對孩子道歉，說：「對不起，我們以前給了你太大的壓力，我們錯了。」

一個道歉可以減輕孩子的壓力。接下來，你還可以說：「無論你考得好還是考不好，無論你優秀還是不優秀，你都是我們最愛的孩子，我們會一如既往地愛你。我們不是因為你優秀才愛你，我們愛你，因為你是我們最親的人。」

這一點很重要，有些父母表面上似乎不給孩子施加壓力，但他們習慣對孩子說：「你永遠是最棒的。」

這種誇獎，其實還是條件苛刻的愛，即「孩子只有是最棒的，他們才愛」。但「最棒的」永遠只屬於極少數，那麼很不幸，你的孩子總有很大的機率屬於大多數非最棒之列。也就是說，這種誇獎會有極大的機率，也令你的孩子出現過分的考試焦慮。結果，你本來渴望孩子最棒，卻讓孩子陷入過分焦慮的狀態，可能令他連自己本來能達到的水準都達不到了。

我收到許多考生的來信都顯示，考生們看似是在乎高考的成敗，但其實在乎的是親朋好友們怎麼看待他們高考的成敗。他們對別人怎麼看待自己的關注，甚至遠遠超出他們對高考本身的關注，這既容易令他們焦慮，也容易令他們無法沉浸在考試中，進而很容易對考試失去感覺，

於是表現失常。

瑞士心理學家維雷娜・卡斯特說，重要的焦慮多源自關係。那麼，所謂的考試焦慮，其實主要是孩子對他們與父母的關係感到焦慮，他們往往不是在擔心考試，而是在擔心得不到父母的認可。

因此，如果父母能提供一個穩如磐石的關係，對孩子說，無論你怎麼樣，我們都一如既往地愛你、認可你，那麼孩子的焦慮就會得到很大的緩解。

卡斯特還指出，最強烈的焦慮來自最高價值被最重要的親人否認。

最高價值是什麼呢？就是愛與被愛。

如果父母讓孩子認為，他成績不好，就再也不配得到父母的愛，也沒資格去愛父母，那麼孩子一定會陷入極大的焦慮中。這是至關重要的一點，考生們無論看起來多麼在乎朋友和老師的評價，他們最在乎的仍是父母的認可。

這張試卷沒有正確答案

夢者

我自己，男。

夢境

似乎回到了初中，正在參加考試，科目是地理。不過，考場上全是成年人。試卷上清一色是選擇題，但那些選擇題的答案好像都不正確。看著那些選項，我愈來愈憤怒。突然，我情緒失去控制，左手一揮，把試卷撕去了一小半。

隨後，我內心惴惴不安。畢竟這是考試啊，總得要通過啊。於是，我低聲地請求監考老師重新給我一份試卷。

「每個人就一份，不會有第二份。」一名男性監考老師用高高在上的口吻對我說，「試卷是你自己撕毀的，你要為這一點負責。」

聽他說完這番話，我的情緒再次失控，騰地站了起來，大聲喊道：「我的地理課是學得最好的！我一直考最高分，甚至滿分！我斷定，這張試卷根本沒有正確答案！」

本來很安靜的考場，因為我這番話立即沸騰起來，許多埋頭考試的考生為我鼓掌喝采。

「我拒絕這種考試！」我繼續喊道。

隨即，我毅然決然地推開書桌，向考場外走去。這時，所有考生都呼啦一下站起來，跟著我走出考場。

分析

前文說過，考試即考驗。夢到考試，多半是因為在現實生活中遇到了考驗，或是升職等功利方面的考驗，或是道德上的考驗。

並且，考試夢一般隱含著這樣的道理：你過慮了。因為，我們所夢見的考試科目儘管在夢中考了低分，但在現實中，這一科目卻往往是我們的優勢科目，或起碼也是那種經過艱苦努力後所通過的考試。

譬如，你高中時數學成績不好，但經過努力，最後成績上去了，但現在你常常做夢，夢到數學考了不及格甚至零分。考試夢的焦慮滋味很不好受，但你醒來後忍不住會說：這個夢真沒道理，我數學考試可是通過了的。當你這樣說的時候，你對現實生活中遇到的考驗的焦慮程度也會隨之降低。

至於那種你一直沒學好的科目，倒不會出現在夢中。

我這個夢也不例外。初中的時候，我最喜歡地理，向來是把地理書當故事書來一遍遍地讀的，課本上所有知識點，我自然而然幾乎全記住了。所以，基本上地理都會考班上裡最高分，滿分也不稀奇。

不過，我所了解的考試夢，做夢人在夢中會很擔心自己過不了考試，而且最後也都是考不及格甚至零分的。像我這樣在夢中就理直氣壯地斥責考試沒道理，我自己還沒有聽說過。

那麼，這是為什麼呢？

我自己很清楚答案，知道這個夢和我在天涯論壇上發的一篇文有關。

這則發文的題目是「謊言中的No.1：沒有父母不愛自己的孩子」，引起了很多網友共鳴，有很多回覆都非常精彩。

做這個夢的那天晚上，我打開網頁，看到了網友「繁華成落葉」的精彩回覆，她在反思一個看似偉大的句子——「一切都是為了兒女」。她寫道：

> 我也一直在想這類事。那麼多人，好古怪，他們為啥不好好活，硬要把自己的生命價值附著在別人身上？

別人榮，他們便榮；別人失敗，他們便失敗，仔細一想簡直是變態。每個人的光榮或恥辱，為什麼不由自己來定，為什麼要放棄？很多人愛說「一切都是為了兒女」，那兒女又為誰呢？如果兒女也繼承相同的想法（往往如此），再又「一切都是為了兒女」，那不就是「老鼠會」、不就是傳銷、不就是謊言一堆嗎？一環扣一環，生命的價值在一堆看似高尚的選擇中，指向終極的虛空。

她繼續反思說：

幾年前回家鄉，和一個女同學見面，她的話讓我很吃驚。她很滿足地看著自己七歲的兒子說：我的孩子很聰明，我要好好培養他，我的希望全寄託在他身上了。

我有時和人聊天說，中國為何發展不起來，你看看，父母一心培養個上大學的、學問好的，而大學畢業沒幾年，父母催著結婚嫁人，然後生孩子，然後這個被父母培養的人又開始把希望寄託在下一代，開始培養，哪有心思和精力去做自己該做的事？精力和心思都放在下一代的培養上了。

有次我開玩笑地跟一個好友說，你幹麼這麼費心費勁去培養你的女兒？什麼鋼琴，什麼畫畫，什麼舞蹈，到了她二十多歲，她又開始培養她的下一代，你培養她沒起到太大的作用，還不如把培養她的錢培養自己哪。

這兩段話給了我很大的震撼。雖然我一直在想類似的問題，但從來沒有分析得這麼清楚。

不過，關於這個主題，我心中已攢了千言萬語，而「繁華成落葉」的這些文字，宛如一石激起千層浪，把我這千言萬語都啟動了。並且，它們就好像在一瞬間發生了巨大的化學反應，融為一個整體。而以前腦子裡還殘餘的一些僵化的想法，也在這一瞬間再一次坍塌。

這就是我這個夢的含義。這個夢將我驚醒，而醒來那一剎那，我就明白，夢表達的正是我當天晚上的反思。

什麼反思呢？就是利他與利己，集體主義與個人主義。

長久以來，我們將利他和集體主義捧上神壇，而一直將利己和個人主義視為邪惡。我們認為，利己和個人主義意味著自私、自利與自我中心，而利他和集體主義則意味著自我犧牲與奉獻。這種邏輯具體放到生活中，就成了這樣的人生觀：我要為別人而活。

但問題來了：我為你而活，你配得上嗎？

於是，我會緊緊地盯著你，看看你是否值得我付出。因此，我勢必會變得很挑剔。而且我們會輕易地看到，我把一切都給你了，但看看你，你的缺點到處都是啊！

反過來說，你既然也是為我而活，你一樣也會挑剔我。結果，我們這個社會，大家都非常挑剔，很容易盯著其他人的道德缺陷說三道四，而我們也特別愛湊在一起，講其他人的流言。

這種邏輯進入家庭，就發展出了我們最常說的一句話：一切都為了孩子。

但這陷入了「繁華成落葉」所說的荒誕中：一代為了下一代而活，下一代又為了下下一代而活。結果，每一代人都沒有為自己而活，都沒有很好地去創造獨特的精神財富和物質財富，很少活出自己的精彩來。於是，「一環扣一環，生命的價值在一堆看似高尚的選擇中，指向終極的虛空。」

這的確很像傳銷，因為傳銷的宗旨，就是利用「我一切都是為了你考慮」的邏輯，將本來價值很低的東西賣個高價，但誰都沒好好地去創造價值。

並且，當父母喊出「一切都為了孩子」時，很容易導致一個惡果：大人們把自己的生命價值捆綁在孩子的身上，令孩子感到更焦慮。

那麼，應該怎麼辦？答案是，無論什麼時候，父母都要有自己的事情，都致力於實現自己的生命價值。那麼，孩子就只需承擔他一個人的生命重量，而不必承擔父母，乃至祖父母或外祖父母的生命重量，也就沒那麼累。

王小波在他的一篇雜文中寫道，美國一個六十來歲的老太太，經營著一座大農場，農場裡有很多特產，還有成千上萬隻羊。令王小波驚奇的是，老太太還有情人，還有性愛。她的世界是如此豐富多彩，就沒必要老是盯著兒女或兒女的兒女了。

但我們周圍的六十多歲的老人呢？只怕每天主要關心的就一件事：兒女或（外）孫兒女在幹什麼？

在小家庭中，我們講為親人活著，而最終則將導致「終極的虛空」。在社會這個大家庭中，我們就講集體主義，講「為了集體而無私奉獻」。

但是，我多年來一直在想，我們或許誤解了個人主義，也誇大了集體主義的善。

在我看來，如果集體主義僅僅是「我自願為集體奉獻，但集體不能強求我奉獻」，那就很好。然而，一旦我們將集體主義視為「必須」，就會導致一個錯誤的倫理結論：可以藉集體的名義去侵占某個不情願的個人的利益。

「文革」期間，這種邏輯發展到頂峰，就出現了這樣荒誕的事：洪水來了，一名青年去救一根集體的電線杆，最後犧牲，然後出現大辯論，而最終形成的主流結論是，別說是根電線杆，就是集體的一根稻草，都應毫不猶豫地去搶救。不同意這個結論的，則受到了無情的批判。

這是王小波在他的雜文中屢屢講到的一個例子。其實，這種邏輯直到現在還常被借用。譬如，我們常聽到這樣的故事：某房地產商徵地，某戶人家不同意，於是這家就成了「釘子戶」，而房地產商或某某部門出來說話時，常指責這個「釘子戶」破壞了團體的利益。

現在，我們正向相反的方向發展，物權法就是一個里程碑。其實，物權法的核心——私有財產神聖不可侵犯——就是源自個人主義。

個人主義並非只是歐美國家的主流意識。我所知道的論述中，關於個人主義的最佳表達來自於俄羅斯作家杜斯妥也夫斯基。這位被奉為「俄羅斯第一」的小說家，在他的名著《卡拉馬助夫兄弟們》中有如下一段對話：

哥哥問弟弟：殺死一個小女孩，可令整個世界得救，那麼，這可以做嗎？

弟弟猶豫了一會兒，小聲但堅定地回答說：不可以！

這才是個人主義的真正精髓——不得以任何集體的任何名義侵占個人的利益。假若俄羅斯民族將此奉為至高無上的價值，那麼，蘇聯農莊就不會出現，史達林的大肅反也就無法進行，而波布（Pol Pot）也就失去了在柬埔寨進行大屠殺的藉口。

我那個一點都不焦慮的考試夢，就反映了我這個反思過程。雖然，長期以來我已經開始形成自己的結論——我們誤解了個人主義，也誤解了奉獻等。但是，我一直沒有敢明確地形成這樣一個結論，我還是處在探索之中。

然而，「繁華成落葉」精彩的文字，就像催化劑一樣，一下子啟動了我許許多多的思考。接著，它們發生化學反應，不斷融合，而最終形成了一個結論性的東西。

這個結論性的東西，就是我斷定，我們許多傳統的價值觀是不成立的。這就是我為什麼會在夢中大喊：「這張試卷根本就沒正確答案。」

夢中考試科目的選擇也非常精妙。地理，可理解為「大地之理」，象徵著社會最基本的道理。並且，中學時，儘管除了英語，其他科目我都考過全班第一，但我最喜歡、最有把握的就是地理。如果換成其他科目，我都沒有那麼強的底氣，可以理直氣壯地說，這張試卷根本就沒正確答案！

至於最後那句話——「我拒絕這種考試」，也反映了我那天晚上的一個感覺，我覺得自己的確可以跳出很多傳統價值觀所編織的網，用一個自己更能信服的價值觀體系來看待人性和我們這個社會了。

我的考場在哪裡？

夢者

阿雯，女，四十五歲，教師。

夢境

我們學校正在籌備一次考試，開完考務會後，我從學校主樓出來，隨大家一邊說話一邊走到了東樓。

可是，上了東樓後，別人都找到了自己負責的考場，我卻找不到我的考場。於是，我回到主樓找到教務主任查我的考場號，結果發現，我負責的考場是在主樓。

從教務主任的辦公室出來後，我又莫名其妙地朝東樓走去，走到一半的時候才突然想起，我的考場不在這裡。

然後，我趕緊朝主樓走去，但剛回到主樓就打鈴了，考試正式開始了。我很急，覺得已耽擱了考試，就往樓上跑，但怎麼也跑不動。這時我突然發現，我手裡拿的不是考試卷子，而是考試用的演算紙。

發現這一點後，我的心立刻平靜了下來。本來我擔心會耽誤考試，但我現在知道，別的老師應該已把試卷拿到考場，所以考試是不會耽誤的。

分 析

前文提到，考試夢的基本含義是「考驗」，要麼是現實的考驗，要麼是道德考驗，等等。這個夢也不例外，儘管夢者阿雯不是考生，而是考官。

阿雯說，她從夢中醒來時，第一時間想到這個夢可能是預示性的夢，如果能有人幫她解夢，就可以知道預示著什麼了。

接著，她又想起我在文章中多次強調，夢的最佳解釋者不是別人，而是夢者自己。所以，她嘗試了一下自由聯想，讓念頭自由遊走，想到什麼就是什麼，然後順著新出現的念頭繼續走。當開始自由聯想後，她腦海中第一個出現的念頭是：「這個夢也許和我的病有關。」阿雯立即恍然大悟，瞬間便明白了夢的寓意。

原來，阿雯前不久得了病，初步診斷是癌症。因當地醫療條件不是很先進，所以很多人都會選擇去附近一個大城市做治療，但自己是不是也要這樣做，阿雯有點猶豫。

正在她猶豫的時候，做了這個夢。

對這個夢，阿雯自己的分析是，主樓代表著本地，東樓代表外地，別人大多選擇去外地接受治療，而她也想順應這個潮流。這就是夢的一開始，她和其他老師一起去東樓找考場的寓意。但其他人在東樓找到了考場，而她卻找不著，這意味著別人可以找到床位，她可能在那裡住不了院。這是很可能會出現的情況，現在癌症很常見，而一些口碑很好的腫瘤醫院的床位普遍短缺。

在教務主任那裡查到了她的考場在主樓，意思是，本地醫院才是她適合接受治療的地方。但她仍莫名其妙地朝東樓走，說明她對本地治療還是不太認可，而且這種不認可有點「莫名其妙」。

當她再一次返回主樓時，打鈴了，她很怕錯過考試，這個寓意可能是，如果去了外地卻找不到床位，再回到本地，可能會錯過治療的最佳時期。

最後，她發現手裡拿的不是試卷而是演算紙。這一細節，阿雯的分析是，試卷象徵著癌症，而演算紙象徵一般腫瘤。夢的這個細節意在告訴阿雯，她患的不是癌症，而是一般的腫瘤。

有了以上的分析後，阿雯決定不隨主流，乾脆就在本地接受治療。最終，阿雯在本地醫院做了手術，結果證明的確是良性腫瘤，但如果再拖延下去，就有很大的可能轉化成惡性腫瘤。

本來這看起來只是一個平平的夢，但因為夢者洞察了夢的寓意，結果在很大程度上可以說是救了夢者一命。

我為阿雯清晰的自我覺知感到欣喜，而她在我部落格上的留言也顯示，她對待癌症的態度也很值得稱道。

她寫道：

我當時還有一個特別的想法，就是不和疾病做鬥爭，因為覺得它和我們一樣也是一個生命。它固然是傷害到了我的身體，但它也是為了自己的生存，不是為了傷害我而傷害我。它比我更可憐，手術後離開了我的身體，它就會死的。我也沒辦法，我也是為了我的生存，而不是為了傷害它而傷害它。不知道這是不是慈悲心。

阿雯的故事像是一個奇蹟，而很多人的身上之所以沒有發生這種奇蹟，重要的原因是沒有尊重自己的感覺。

夢的預兆

後來，我和一個心理師朋友聊天，她說了自己做過的兩個夢。

第一個夢，洪水沖向一個山洞，她先躲在洞中一處低窪之地，覺得自己可以在這裡躲過洪水的衝擊。但洪水即將到來之際她突然明白，洪水太大了，這個低窪之地並不安全，於是她攀到山洞的頂部，向上挖一個洞逃了出去。

第二個夢，路上，她撿到了一個錢包。她很開心，但隨即發現，她自己的錢包丟了。不過，她自己的錢包裡只有四百元，而撿來的錢包裡有約八百元，顯然是賺到了，所以她很開心。回到家後，她突然想起，她丟的錢包裡的確只有四百元，但裡面還有幾張提款卡，裡面還有不少錢。

這兩個夢都令她從睡夢中驚醒。略做分析後，她知道都是關於股票和基金的。

第一個夢中的洪水象徵著熊市，而「低窪之地」象徵著「低窪股票」，即那些升值潛力比較大的股票。一直以來，她炒股很謹慎，所選股票都是消息人士推薦的「低窪股票」，所以她一直認為自己在股市上的抗打擊能力比較強，但夢告訴她，當時熊市太厲害，這些「低窪股票」一樣會受到衝擊。

第二個夢，她認為講的是基金。不過，半夜裡從睡夢中驚醒時，她沒有對這個夢做仔細考究，而是接著又入睡了。早晨醒來後，她忘記了這個夢，並在當天購買了一些基金，因當天的行情看來不錯。但只過了兩天，基金行情下跌，令她虧了不少，這時她才想起這個夢來。

其實，除此之外，她說自己還做過幾次預示股市行情不妙的夢，但她都沒有尊重這些資訊，而是繼續按照理性的計算去炒股，結果令她損失不小。

夢為何這麼神奇？

我想起印度哲學家克里希那穆提的話。他認為我們的心處於空寂狀態時，會自動洞察到事物的真相，而一般所謂清醒時候，我們的心其實是被無數的念頭纏繞，洞察能力因而大為下降。相比一般的清醒時刻，深度睡眠中的念頭就少多了，起碼意識層面的念頭基本上消失，我們因而距空寂狀態近了不少，洞察能力因此增強，所以做夢時反而會比清醒狀態更容易捕捉到事物的真相。

為何空寂狀態會有可怕的洞見能力呢？

依照克里希那穆提的說法，當一個人處於絕對的空寂狀態時，時間和空間就不存在了。既然時間這個維度不存在了，那麼一個人就可以看到所謂的過去和未來。同樣地，既然空間維度也不存在了，一個人也就可以看到所謂遙遠空間的事情。

對於絕大多數人而言，這種「冥想」狀態終其一生都不會體驗一次，不過在睡眠狀態中，我們可以比平時更接近這種狀態，也因而多了一些洞察能力。

不過，即便在夢中，我們的心仍然纏繞著不少念頭。這些念頭導致我們的洞察很少會以直接的方式進行表達，而更容易使用隱喻和象徵的方式。但透過自由聯想的方法，我們可以一一繞過這些額外的念頭，進而捕捉到夢所洞察的本相。這就是阿雯解夢的神奇所在。

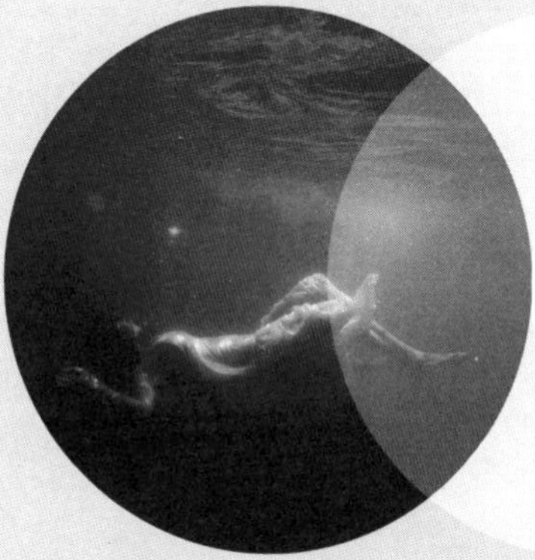

Part 4

夢見情感受挫

滿足欲望，而後超脫欲望

房子裡漆黑一片

夢者

阿眉，女，三十歲左右，一年前和男友一起買了房子，正在籌劃結婚。

夢境

一、房子裡漆黑一片，拚命按開關，燈還是不亮，我很害怕。藉著手機的光，我回房間找自己，但找不到，再找男朋友，也找不到。

從房間裡透過客廳，看到大門外有燈光，但我不敢走過去，就這幾步的距離我還是不敢。我非常恐懼，於是給男朋友發訊息，還沒等到他回覆，我就醒了。

二、我在等車，車來了，上面全是新郎和新娘，已經沒有位子，而且不是我等的那一班。我繼續等，又來了一輛，是我等的那一班，但上面人滿了，我只好繼續等待。

三、一個晚上做了兩個夢，先是夢見自己是同性戀，而對方是我一個很要好的女同事。接著夢見我堂妹竟然做了變性手術，變成了男兒身，夢裡我感到很驚訝，但堂妹卻覺得很坦然。

我這堂妹也很不幸，兒子早產還有多種疾病，丈夫對她和兒子都不好，她忍無可忍之下提出了離婚。

分析

這三個夢的意思很簡單，都是在告訴她，這場婚姻不對勁。

其實，阿眉知道這一點。在接受採訪時，她說她知道第一個夢的含義，「夢告訴我，我不該結婚，但父母非常希望我嫁出去，我不想讓他們失望。」

這是很多人會遇到的困境：面對婚姻，自己覺得不對勁，但身邊重要的親朋好友都在說，快結婚吧，那個人挺好的。於是我們就暈了，不知道該怎麼辦，甚至最後被說服，真的結婚了。

我的一個朋友，談戀愛時，每過一個月，她就會對男友說「我們分手吧」。她知道對方是好人，但總是沒感覺。這時，男友會很用心地哄她，用各種「小手段」討她的歡心，她被打動了，不忍心傷害對她這麼好的男人，於是繼續下去。但再過一個月，她又覺得不對，想分手，男友又哄她……這樣持續了一年，兩人結婚了。

結果證明，這是一場災難，不僅對她，對他也是。無論丈夫對她多麼好，她仍然沒感覺，這樣過了三年後，丈夫主動提出了離婚。她同意了，她知道這是她想要的，但她覺得自己深深傷害了丈夫，她覺得自己成了壞女人，於是陷入了嚴重的憂鬱，甚至想自殺。

直覺早就告訴我們，事情不對勁，不要結婚。但是，理性卻告訴我們，這個人多好啊，不要錯過了啊。再加上父母、朋友等人的遊說，很多人真的走進了這場多數人都認為很好的婚姻。但婚姻是兩個當事人的事情，別人的因素最後都會褪去，他們最後還是會回到自己的感覺上來，不合適的仍然不合適。

夢一：他也沒有結婚的誠意

在我這個朋友的故事裡，起碼她丈夫是希望結婚的。但阿眉的夢一表明，男友和她一樣，並不真正想結婚。因為，在這個夢的房子裡，既沒有她，也沒有他。

阿眉說，這個夢讓她感到最荒誕的地方是，她還要回房間找她自己，而且就是找不到。這不難理解，其實是夢在啟示她，她自己的心，並不在這個「婚姻房子」裡。

這個夢裡另一個被她忽視的情節是，這個房子裡，也沒有她男友。這很可能是潛意識要告訴她，她男友和她一樣，也並不是很想進入婚姻。

那麼，這是誰想要的婚姻呢？在採訪中，我得到的印象是，這是阿眉父母想要的婚姻，而她男友也是為了自己的親人而結婚。如果這點分析成立，而他們最後又當真走向婚姻，那麼這種現實，比夢還要荒誕。

夢中的後半部分，「看到大門外有燈光，但我不敢走過去，就這幾步的距離我還是不敢」，其象徵意義可能是，她要離開這個「婚姻房子」並不難，只是缺乏勇氣。

這個時候，她給男友發訊息，或許是想徵求男友的意見吧。有時，我們不願意承擔主動分手的壓力，而希望對方主動提出來，以減少自己的負罪感。

夢二：成為新人不是她要走的路

夢二反映的是她的矛盾心態。她等車，先來了一輛，坐滿了人，而且上面全是新郎和新娘，但卻不是她要等的那一班。這個意思再明顯不過了，潛意識透過夢很明確地對她說，「成為新人不是她要走的路」。

接下來，又來了一輛，這是她要坐的那一班公車，但上面坐滿人了，沒有她的位子。這可能意味著，她想走另一條路，卻認為那條路也不通。

不過，這沒什麼，因為後面肯定還有更多的車，只是她自己心急，覺得自己三十歲的年齡再不上車，就太晚了。

夢三：她認為丈夫缺乏責任心

夢三比較特殊，很可能是阿眉內心深處認為，丈夫缺乏男子氣概。

夢常有啟示含義，但如果第一個夢之後，自己仍然不明白，那麼就很可能會出現第二個夢繼續告訴你，究竟發生了什麼事情。

第一個夢，可能在啟示阿眉，她內心深處認為丈夫不肯負擔男人的責任，他們未來的婚姻，像是一種同性戀的關係。這可能是一種象徵性的含義，表明男人不能在婚姻中承擔男人的角色與責任。

第二個夢，可能在告訴阿眉，堂妹的未來就是你的未來。堂妹結婚後，她的丈夫拒絕承擔丈夫的責任，而她既要做媽媽，又要做爸爸，非常辛苦。其實，這種可能性已經露出苗頭，譬如阿眉自己生病後，她男友根本就不願意去探望她。夢告訴她，如果再繼續下去，就這樣進入婚姻，那麼她會走上堂妹的老路。

婚姻是兩個人的事情，但就算不考慮夢，阿眉自己其實已經感覺到，她和男友對婚姻都不夠投入。如果這個問題得不到解決，他們當真為了別人而結婚，那很可能，這又將是一場婚姻的災難。

我到底想要什麼？

夢者

Lily，女，二十七歲，廣州某外商中階管理人員。

夢境

我出差回來，公司給我舉辦了歡迎儀式，所有的「頭」都來了。不僅廣州、全國，甚至亞洲和全球的CEO都來了。我只是廣州分公司的中階主管，但奇怪的是，我不覺得受寵若驚。不過，儀式上出現了一個小插曲。公司的一個合作夥伴出現在儀式上，他走過來緊緊地抱住我，並用很低的聲音問我：「我給你多少錢，你才肯和我睡一晚？」

我感覺他的身體有了反應，但又掙不開他，非常生氣，狠狠地對他說：「門都沒有！多少錢都不行！」

後來，他鬆開手，放開了我。我還是非常惱火，覺得剛才羞辱他羞辱得不夠。我知道，他很有錢，但我可以說一個大數目，譬如十萬美元，讓他死了心……不過，他沒有十萬美元嗎？

接下來，公司又在一間五星級飯店給我舉行了歡迎儀式。不過，到了那裡我好像就不是主角了，變成了一個普通的與會者。

那個男人也到了那兒，他又來找我，要帶我去吃無比珍貴的東西。具體是什麼說不清楚，但我知道，那是很難得的，世上沒多少人吃過。他先向我描繪，說那個東西多麼美好，我聽得很動心。這時，他問我：「我帶你去吃那個東西，你肯和我睡一晚了吧？」

「不可能！」我又一次斬釘截鐵地拒絕了他。

最後，我一個人走出那家喧囂的飯店，突然覺得有些失落。我問自己，我到底要什麼？

分　析

這個夢先玩了一個置換的遊戲。

做這個夢的時候，Lily和男友在一起，他們剛剛確定關係不久。夢中的那個男人，其實就是Lily現實生活中的男友。

Lily想了想，承認了這一點。她說，做這個夢的那個白天，男友像夢中的男人一樣擁抱過她，而且身體也有反應，讓她既有點興奮，也有點反感。不過，當時，Lily稍一使勁兒，就推開了男友。男友並未像夢中的男人那樣緊緊抱著她不放。

但是，夢中的這個情節，也是有其特殊寓意的。原來，男友追了Lily好幾年，等兩人確立關係後，他又很害怕失去她似的，整天黏著Lily，這也引起了Lily輕微的反感。這種反感，和夢中的男人身體有反應時，Lily所產生的反感，是同性質的。

夢中的男人，渴望與Lily發生性關係。但現實中的男友倒沒有這樣的渴望，因為他們兩人已經有了最親密的接觸。那麼，夢中的男人一開始說的那句話，又有什麼含義呢？

它起碼有兩層含義：

第一，夢中的男人很有錢，這意味著，現實中的男友很願意給Lily充沛的愛。在夢中，錢常常意味著情感，如果夢見什麼都買不起，常意味著自己正處於情感匱乏狀態，得不到想得到的情感。

第二，夢中的男人為了和Lily發生關係，不惜付出自己所有的錢。這意味著，現實中的男友為了得到Lily的愛，可以付出所有的情感。Lily夢中的性，指的是愛，夢中發生關係，指的是現實中，在情感上建立真正深厚的聯繫。

Lily承認這一點，她說，雖然與男友有了性關係，但她情感上並未覺得多麼愛他，而男友也感受到了這一點，於是很黏她，怕失去她。

Lily在夢中的反應也很有意思。她彷彿不願意和夢中的男人發生關係，還想羞辱他，開出一個超出他承受能力的價格。但是，夢中的那個男人，是拿得出十萬美元的。這表明，在現實中，Lily意識上似乎不願意與男友在情感上更深入，但潛意識上已開始鬆動了。

Lily也承認了這一點，做這個夢的前一天，她曾很想對男友說，她好像真的開始愛他了，只是這句話沒有說出口。

到了五星級飯店，夢中的男人對Lily說，他要帶她去吃無比珍貴的東西，而Lily也知道，這個東西，世界上吃過的人不多。那麼，這個東西是什麼呢？就是愛情！

原來，Lily不相信一見鍾情，而男友恰恰對她一見鍾情。Lily也不相信愛情，而只相信溫情，相信日久生情。但是，男友動搖了她這兩個成見，讓她開始相信，或許男友對她的一見鍾情是有道理的，或許愛情也是值得期待的，而且就會發生在她身邊。

若真相信了愛情，就意味著兩人的情感關係進一步深入，但Lily對兩人的情感還相當猶豫。這種猶豫放到夢中，就是Lily又一次斬釘截鐵地拒絕夢中男人的性要求。

夢中最關鍵的訊息可能是，當Lily獨自一人走出飯店後，突然感到一絲淒涼和惶恐，於是問自己到底要什麼。

這也是現實中Lily真切的感受。男友夠好了，Lily並不挑剔他的條件，她只是覺得，內心深處自己似乎還是一個小女孩，還沒有做好接受一個男人的心理準備。於是經常莫名其妙地折磨一下男友，與他拉遠一點距離，有時甚至想——要是分手了又如何。

但是，每當拉遠距離之後，她心中又常有一點惶恐。當偶爾想到分手時，那種惶恐尤其厲害。那時，內心深處似乎會有聲音對她說：你正在錯過你最值得珍惜的東西。

夢的一開始也很有意思。她的確是在出差時，和男友在外地確立關係的。那麼在夢中，廣州、全國、亞洲乃至全球的領導們都來祝賀她，無疑意味著，她心中的領導們認可了這種關係。

心中的領導們是什麼？就是超我！

所謂超我，就是我們心中的道德、規矩等條條框框的東西，它最早源自於父母的教誨，而「內在父母」，無疑就是心中的老闆了。

Lily是一個條條框框很多的女孩，超我都來慶賀她的愛情了，這表明，這種親密關係，她的超我基本上已經接受了。

煮不死的蛇

●夢 者

Kitty，女，二十三歲，廣州某ＩＴ公司員工。

●夢 境

大水來了，別人的房間沒事，我住的房間卻被淹沒了，很快變成了池塘。裡面有各種動物出沒，像魚啊、蛇啊，還有青蛙什麼的。

水裡有兩條粗大的蛇在游動，我覺得牠們很危險，而我手臂上還掛著兩條小蛇，牠們是我的朋友。我要去對付兩條大蛇，為了使小蛇不被大蛇傷害，我放走了兩條小蛇。

爸爸出現了，他幫我把兩條大蛇捉住，並放到了鍋裡，我們想煮死牠們。

剛煮了一會兒，我急著想看看牠們死掉沒，就掀開鍋蓋去看，結果被蛇纏住了手，還把我的手咬傷了。

我很擔心，馬上想去Google上搜一下，看看牠們是不是毒蛇，這時看到蛇身上居然還掛著小牌子，寫著蛇的名字，「××豹貓」。

我沒再查了，而是接著煮牠們，因為很怕煮不死，所以這次煮了很長時間。等覺得牠們死定了我才打開鍋蓋，叫來兩個堂弟一起吃蛇肉，但我這時仍心有餘悸地說，小心，別碰牠，因為蛇頭還在輕輕地動，說不定還沒死。

分析

做這個夢的前一天晚上，Kitty剛和一個男子確立了準戀愛關係，他們約定「不妨試一試」。

不過，Kitty早就開始關注這個男子了，所以，準戀愛關係的確立對她的內心會有很大的攪動。大多數人都一樣，一旦開始了一場自己在乎的戀愛，內心很多東西都會浮現出來。

這是Kitty這個夢一開始「發大水」的情境的含義。水，在她這個夢裡象徵著潛意識，水只淹沒了她的房間，而沒有淹沒別人的房間，像是在說，只有她的潛意識被喚醒了。

水裡的魚、青蛙和蛇等動物，或許都象徵著她內在的部分的「我」。自然，這裡面最富有意義的是兩條大蛇和兩條小蛇。

對於大多數人而言，蛇都是夢中最容易出現的形象之一，而蛇在我們的民族文化中也有著豐富的含義。這些含義可以在形形色色的夢中找到，比較常見的含義有以下兩種：

第一，象徵著性欲。蛇的形象類似男人的生殖器，而蛇的繁殖能力和性能力也非常驚人。被視為中華民族先祖的伏羲和女媧，他們最著名的一幅圖畫便是人首蛇身的他們正在交配。

第二，象徵著攻擊。毒蛇有劇毒，而且行為莫測。據研究，人類和哺乳動物對爬行動物普遍有著本能的恐懼。

欲望也罷，攻擊性也罷，對於生活在所謂現代文明社會中的我們而言，它們彷彿都是禁忌，但它們同時也是我們力量的重要源泉。性欲會驅動著我們與異性建立關係並繁衍後代，攻擊性則可以保護自己或攫取資源。

然而，因為這兩種力量的危險性，我們都容易壓抑它們。如果太壓抑，就會導致意識和潛意識的分裂。意識上，我們，尤其是女性，極其懼怕蛇，但潛意識上，她們心中又潛伏著蛇的本性。

Kitty胳膊上掛著的兩條小蛇，象徵她在一定程度上接受了自己的性與攻擊本能，這是一種意識與潛意識、本能與文明妥協的結果，所以牠們儘管是蛇，但卻只是可愛的朋友而已。表現在Kitty的身上就是，她很喜歡顯示出單純的樣子，但卻透露著性感；她顯示出很乖巧的樣子，但其實很調皮。性感是對性本能的妥協，調皮則是對攻擊性的妥協。並且，兩條小蛇分別掛在她的兩條胳膊上，這象徵著，她的力量其實源自性欲與攻擊的本能。

水裡的兩條大蛇，象徵著被她壓抑到潛意識深處的性欲與攻擊的本能。她在解夢時對我說，這兩條大蛇「很凶惡」，令她既討厭又恐懼。當任何一個男子對她發出性的訊息，或表現得咄咄逼人時，她很容易被喚起這種感受。

不過，這種感受的最初來源，其實是她對父親的感受。她的父親就是一個有很多情人，而且非常有攻擊性的男子。她一直以來都對父親非常反感，並且這種反感也蔓延到她自己身上，令她一直極力壓抑自己的欲望和攻擊性。

所以，她比較喜歡溫文爾雅的男子，而她的準男友就是這樣的人，但他和其他男人一樣，多少都表現出了性欲和攻擊的本能，這又喚起了她的厭惡和恐懼。

更重要的是，她的內心藏著很多對性欲與攻擊的厭惡和恐懼，而不管和任何男人戀愛，這些潛意識深處的東西都會被喚起。並且，她愈想戀愛，這些東西被喚起的程度就愈強烈。而這次，她對這個男子很有感覺，所以內心深處那條「很凶惡」的大蛇就在水中出現了。

然而，性欲與攻擊是不能被消滅的。

和大多數父親一樣，Kitty的爸爸不會一味粗暴，他也有溫情的一面。不僅如此，他還有矛盾的一面。他自己濫性而粗暴，卻希望女兒是純潔的，「純潔」這個詞意味著「看上去既不性感又沒有攻擊性」。

這樣一個父親被內化到內心深處，就是佛洛伊德所說的「超我」了。他捉住了兩條大蛇並放到鍋裡去煮，就是Kitty的「超我」要消滅「本我」。

鍋在這個夢中也有很有趣的含義，它可以理解為佛洛伊德的「自我」，是用來調和「超我」和「本我」之間的衝突的。在「自我」的鍋裡，「超我」絕不可能徹底獲勝。所以剛煮了一會兒，Kitty就想去看看大蛇有沒有被煮死，結果牠們仍然「很凶惡」，咬了Kitty一口。

在和Kitty聊天時，她一開始說，她深信兩條大蛇已徹底被煮死，「肯定煮死了，一個小時不死，就再煮。一定要煮死為止，沒有煮不死的東西。」但是，當放鬆下來，慢慢回憶夢中的情境時，Kitty記起，兩條大蛇的身子是被煮爛了，但蛇頭還在動，所以她才警告兩個堂弟，小心不要被蛇咬了。

這顯然是說，性欲與攻擊的本能是煮不死的。不管我們怎麼抗拒它們，它們最多只能被我們壓抑，而永遠不會被消滅。

Kitty很喜歡她的兩個堂弟，因為他們和她的父親是截然不同的人，很溫和、很友善，而她喜歡的那個男子也是這樣的人。所以，可以理解為，這兩個堂弟象徵著那個男子，而她也的確一直在要求那個男子對她既溫柔又不要動色心，「開開帶著色情意味的玩笑可以，但他一定不能在這方面著急。」

非常有趣的一個細節是大蛇的名字，「××豹貓」。Kitty說，她夢中還記得這個豹貓的具體名字，但醒來後就記不得了。

她說自己很喜歡養貓，對各種貓的習性都很了解。譬如豹貓，野生的豹貓是非常有攻擊性的，但被當作寵物養的豹貓，非常溫順而聽話。並且，就在做這個夢的前一星期，她還在淘寶上看中了一窩小豹貓，和其主人討價還價、想買一隻，但最後沒有成交。

這個細節無疑在說，儘管Kitty把象徵性欲與攻擊的兩條大蛇看作「很凶惡」的敵人，但牠們其實是可以和豹貓一樣被她馴服的，如果她能用對待豹貓的態度去對待這兩條大蛇。

這也是適用於我們每個人的道理。如果我們想成為一個內心不分裂，而且有力量的人，就得學會接納這兩種力量。

小房間，大客廳

夢者

思思，女，二十歲。

夢境

一、我前段時間經常夢見自己回到學校，見我的老師和同學們，回到教室裡上課，而且他也在。他是我的同學，平常挺好的，我們戀愛過，不過時間很短。

二、前不久，我又夢見我的同桌女同學了，我倆很好，平時都有電話聯繫。我夢見自己到她家了，她家很大，有一百九十平方米（約五十七坪）。對，我很清楚地記得是一百九十平方米，是她媽媽親口告訴我的。但她家卻只有三個房間，而且都很小。

最令我奇怪的是，她家客廳卻非常大，掛著一幅彩色的掛曆，桌椅都是巨大的，好像什麼東西都放大了一百倍似的。

後來，我知道我前男友也是住在那附近的，不知為什麼，我心裡就暗暗有了也在那裡買房的想法。

分析

思思在給我的來信中，說了她的兩個夢境，並問了我兩個問題：

從學校畢業後，經過一年多的跌跌撞撞，我參加了自學考試，這是不是與夢有關呢？

一直以來，我都不知道為什麼我老愛做夢，難道夢境真有先兆意義嗎？

夢是一種先兆嗎？

這是一個很難回答的問題。僅就我的經驗來看，並不能確定。只不過，我也常聽到一些很「神」的夢，有強烈而鮮明的預兆意義。所以，我只能對此存而不論。

但是，僅就思思的這兩個夢而言，應該不是先兆。

第一個夢中，有兩個訊息值得關注：她回到了學校，她夢見了他。後者的意思很清晰——她思念他；前者的意思比較耐人尋味。

回到學校，一般有很簡單的含義：我們需要學習。不過，夢裡的學習，通常不是我們所以為的，對知識和技能的學習，而常常意味著超我在提醒本我：你的道德方面需要學習了。

所以，回到學校的夢常缺乏溫馨的色彩，相反地，會讓我們在夢中感到強烈的焦慮。這種焦慮，源自我們執行快樂原則的本我和執行道德原則的超我之間的衝突。由此，回到學校的夢常伴隨著考試，這多意味著超我對本我的「考試」，或者意味著「內在父母」對「內在小孩」的考試。

當然，也不能排除這種夢有很直接的懷舊色彩。譬如，對思思而言，回到學校的夢，可能就是對那段簡短戀情的回味，也可能是對她後來走上自學考試之路的預言。

房間代表情感，客廳代表面子

第二個夢，也有兩個訊息值得關注：思思、同桌女同學和前男友的關係，小房間和大客廳。

三個房間，可能意味著一種三角關係，即思思、同桌女同學和前男友的關係。思思後來在夢中暗暗決定也在那附近買房，這也含有競爭的意味。不過，思思沒有表達對同桌女同學和前男友之間關係的懷疑，那麼，這個夢或許有提示的含義。即，思思意識上沒有看到這種關係，而發自潛意識的夢則提示了這一點。

房間可比作情感，客廳則可比作面子。房間很小，客廳很大，且客廳裡的物品都大到誇張的地步，這顯然有強烈的象徵意義，似乎在說：思思、女同學和他的這種青春後期的戀愛其實並不重要。如果有競爭的含義在，那麼競爭的也不是情感，而是面子。

夢的手法常常很隱晦，或許，女同學、女同學的媽媽只是象徵意義，夢裡的女同學未必就是現實中曾經的女同學，而可能只是思思其他一位較親密的女友，也或許就是他的現任女友。思思想在那附近買房子，意味著思思有和這個女孩去競爭他的衝動。女同學的媽媽則可能象徵著思思理性的超我，在告訴思思，房間很小，客廳很大，你想競爭的不是情感，不過是面子罷了。

夢中，女同學的媽媽說到的「一百九十平方米」也有很強的象徵意義，不過思思在來信中沒有留下聯繫電話，我不能具體地和她一起分析其含義，但我猜測它可能玩了發音的把戲，譬如「依舊是」。

思思的夢中還有一點可能會令很多人感到意外，就是彩色的掛曆。因為，許多人的夢是沒有色彩的，夢中的情景只有灰、白、黑。他們在知道別人的夢有色彩後會感到好奇，會問，夢是有色彩好，還是沒有色彩好？

這個問題的答案就是：都好。

因為夢是心靈的需要，夢沒有顏色，是因為你不需要有顏色的夢；夢有顏色，是因為你需要有顏色的夢。這一點上沒優劣之分。

一個女人與三個男人

夢者

Rose，三十五歲，離異，有一個五歲的女兒。離異時她很堅決，但丈夫一直拖著不願辦手續，主要是不甘心沒從她身上分到足夠的錢。

夢境

我去另一個城市出差，和另一個人，但記不得她是誰了。天氣轉涼，我們到Bossini買秋裝，店面不算大，裝修也一般。在店員的推薦下，我挑了好幾件上衣，像在市場買菜一樣，見到好的就拿，沒問價錢。但後來沒買，說是先到隔壁的大排檔吃東西。

第二天，我帶著女兒又去了那家店買衣服。前夫正等著接女兒，他就在外面看著我們。我幫女兒挑了幾件後，想找回昨天挑給自己的，突然想到如果前夫看到我買衣服這麼大方，一定又要打我的錢的主意。

接下來，我們準備回我們的城市。到了一個牌坊樣的大門口，我知道門的那邊就是我們的城市。不知為何，我是帶著女兒和父親一起回來的。門外有一家新開張的飲食店，店裡燈火通明，門那邊我們的城市卻黑漆漆一片。

飲食店門口有店員在派發宣傳單和小禮物，並不斷地勸路人進去。

我沒理會他們。到門口時，見到父親已經跨到門裡去了，我們手裡拿著宣傳單和禮物——一包衛生棉，外包裝和店面的裝修很一致。接著又有人圍過來要給我們宣傳單，我對父親說：「別拿那個東西，都是騙人的。」

回到我們的城市後，我還沒忘記去Bossini買衣服。這次是和男友去的。那家店我很熟悉，開車時走的是小巷，路很窄。旁邊有一條寬一點的直路我沒走，走的是一條要拐彎的路。我前面已經有一輛車，我們停下來等紅燈。

這時，男友說：「你的車技就是好。」聽他這麼說，我有點得意。前面的車啟動了，我也啟動，但車子卻沒動，我倆相視笑了一下。前面的車已很小心地繞過彎開走了。他說：「快開吧，不然又亮紅燈了。」我看了看交通號誌，感覺一直都是紅燈。但車子啟動了，右前方有一條鐵柱攔著我也照樣衝，只是扭了一下方向盤，好像撞了一下，聽見車子刮過鐵柱的聲音，接著就拐彎了。剛把車頭拐過去就發現原本不寬的路，路邊停滿了小車，把路堵得更窄了。我們旁邊就是房子的一角，車子完全頂死了，無法動彈……

分析

這是一個非常複雜的夢，涉及了Rose、前夫、男友、父親和女兒，一共五個人。當然核心是Rose和前夫、男友、父親這三個男人的關係。

從內容上看，這個夢也分為三段：第一段是首次在Bossini，涉及的是Rose和前夫、女兒的關係；第二段是在「牌坊樣的大門口」，涉及的是Rose和父親的關係；第三段是和男友再去Bossini，涉及的是Rose和男友的關係。

買到東西＝獲得情感

先分析第一段。

買東西，在夢中常代表著感情的索取與付出，如果可以輕鬆地買自己喜歡的東西，一般意味著自己可以輕鬆地獲得別人的愛與關注。Rose在Bossini店中挑了好幾件上衣，而且不問價格，也是同樣的意思。在電話採訪中，Rose確認了這一點，說她當時的確覺得情感上容易得到重要親人的滿足。

不過，接下來就有非常有意思的事情發生了。她雖然比較容易得到別人的愛與關注，但是她沒有要，只是給女兒「買了衣服」。

在夢中，不買的原因是「如果前夫看到我買衣服這麼大方，一定又要打我的錢的主意」。但在現實生活中，她的顧慮是，如果她的情感生活太順利、進展太快，「前夫」會給她製造麻煩。因為，「前夫」只是心理意義上的，他們兩人正在鬧離婚，而且已大致確定，但還沒有走完法律程序。在法律上，他們仍然是夫妻關係。這時候，Rose不想顯得太幸福而刺激丈夫，讓他做出不理智的行為，破壞她的情感生活。

可以得到，但卻沒有去爭取，這是第一段夢境的意思。

很多車子＝很多情史

第三段夢境也是類似的意思，但更複雜了一些。具體的意思是，她和男友若想得到幸福，會遇到很多障礙。這些障礙，有一般意義上的，也有心理意義上的。

這一段夢境中，和男友開車去Bossini買她想要的衣服，意思是「和男友建立情感並確立關係」。車代表兩人的情感，Bossini的衣服則代表著情感關係的確立。

在這一段夢境中，第一個有趣的細節是，Rose在開車，而男友誇她「你的車技就是好」。意思就是，在這段親密關係中，Rose占據更主動的地位，而男友喜歡她占據主動地位，還用誇獎她的方式鼓勵她為他們的關係領航。Rose確認了這一點，她說，在這段戀愛中，她的確比男朋友更主動，而男朋友也常鼓勵她更主動一些。

第二個有趣的細節是，堵車了，而且遇到了紅燈。這很簡單，就是在告訴Rose，她和男友的關係亮起了紅燈。更有趣的是，這時候男友對她說「快開吧，不然又亮紅燈了」，但Rose卻看到紅燈一直在亮，而沒有綠燈出現。儘管如此，她還是在男友的鼓勵下衝了上去，結果先撞上鐵柱，拐彎後又發現狹窄的小路上停滿了小車，「路堵得更窄了……車子完全頂死了，無法動彈。」

這幾個細節的大概意思很清晰，是在告訴Rose，她和男友的關係遇到了一些麻煩，男友鼓勵她衝過去，她這樣做了，但卻發現陷入了困境，已經「無法動彈」。

那麼，到底遇到了什麼麻煩呢？答案是停在路邊上的那些小車。Rose回憶說，那些小車給她的印象：「很舊很舊，好像停了好幾年了。」

這些車到底是什麼意思呢？

這些車也代表著情感關係，而且是「很舊很舊」的情感關係。Rose說，她只談過一次戀愛就結婚了，就是說只有一次情史。而她的男友不同，「他有過多次親密關係」。Rose知道男友至少有兩段重要的親密關係，一個是他的前妻，一個是他同居了數年，沒有結婚但有一個孩子的情人。此外，他還有多名紅顏知己，其中一名是他現在的生意夥伴。他信誓旦旦地對Rose說，他和這些紅顏知己的確「有些曖昧」，但他保證與她們任何一個都沒有性關係。

Rose相信這一點，但她仍然隱隱感受到，她對他這些紅顏知己有點不放心。或許，夢是在告訴她，只有一點不放心還不夠，她應該對他的前妻、情人和紅顏知己更多一點不放心，因為這些「舊車」都將阻礙她和他的這輛車駛向情感的終點——婚姻。

一張大床＝很多關係

Rose並不願意面對這一點。她說，她不願意無端猜測男友，以前她也不願意無端猜測丈夫。或許這種逃避的心態讓她做了另一個夢。

這個夢是在上面那個夢之後做的，Rose夢見男友出差回來，而她就睡在他家的大床上（現實中，Rose還沒有和男友發生性關係），醒來時發現男友也躺在旁邊。他輕輕地擁抱她，讓Rose感覺很舒服，想賴在床上多睡一會兒，但男友卻在她耳邊呼喚：「該起床了，要上班了。」她磨蹭著爬起來，聽到洗手間有人在洗衣服，一看是一個女人在那裡。回到廳裡，看到男友躺在一張躺椅上，一邊臉腫了，他說是牙痛。她問他，還能吃早餐嗎？他開玩笑回答說：「放心，我還有一邊是好的！」

大床，或許象徵著Rose認為男友的性伴侶太多。儘管她在意識上不想「無端猜測」男友，但她的潛意識卻在表達這個意思。洗手間裡有女人在洗衣服，或許也是這個意思。

總之，這一段是在警示Rose。意識上，她對這個關係「非常滿意」，也抱有不小的期望，但夢告訴她，他或許沒有那麼可靠——起碼，她與他要想走到婚姻的殿堂，還需要克服很多阻礙。而這些阻礙都來自他與其他女人的關係。

牌坊大門＝女性貞節

第二段夢的含義最為複雜。

一開始，我想這一段夢中的「父親」，可能是替代性的表達，實際上代表的是她的前夫或男友，而夢的意思就是，她的前夫或男友有婚外性行為，但卻總是對她進行隱瞞，還用一些冠冕堂皇的話來搪塞她。

但後來，我想，這一段夢中的父親可能就是她的父親。她和父親的關係過於緊密，而這最終妨礙了她與其他男人建立親密關係。

「新開張的飲食店，店裡燈火通明，門那邊我們的城市卻黑漆漆一片」，這句話大有文章。現實生活中，自從有了女兒後，Rose在前夫的勸導下，做起了生意。她說，前夫只是發起人，但等生意做起來後，他什麼忙都不願幫，於是她叫來父親幫她管帳，而「新開張的飲食店」，可能就是這個象徵意義。

不僅如此，Rose結婚後，雖然和丈夫買了新房子，但她大部分時間卻是和父母住在一起。她說，這樣做是為了照顧女兒，但其實是因為存在很大的問題——她丈夫和她父母合不來。

海寧格認為，婆媳關係之所以容易出問題，是因為我們的習慣是兒媳、兒子和公公婆婆住在一起，如果是女兒、女婿和岳父岳母住在一起，那麼容易出問題的就是岳父和女婿的關係。

這並不難理解，因為很多微妙的心理原因，婆婆和兒媳會競爭兒子的愛，而岳父和女婿則會競爭女兒的愛。

Bossini＝你的男人

我懷疑，Rose和丈夫的關係愈來愈惡劣，是導致他們離婚的一個重要原因。她住在父母家，丈夫一週中有一兩天去她父母家和她聚一聚，其他時間他都是待在新家裡。

這是什麼意思呢？不就是「新飲食店燈火通明，門那邊我們的城市卻黑漆漆一片」嗎？她的情感仍然滯留在父親那邊，雖然長大了，卻仍然沒有完成與父親的分離，不能投入到她的獨立生活中去。結果就造成她的獨立世界裡，情感比較匱乏，是「黑漆漆一片」。

更多的細節展現，可能是她父親離不開她，而不是她離不開父親。因為，這間店的店員一勸，她的父親就進去了，而她卻不為所動。

當有人又要給他們宣傳單時，她還對父親說：「別拿那個東西，都是騙人的。」這可能意味著，父親有意無意地用一些手法，與Rose仍然保持著很緊密的關係，他不願意與Rose分離。其中一些手法Rose並不願意接受，她知道那是騙人的，但是有一個重要的阻礙，讓她不願意離父親而去。

什麼阻礙呢？就是「牌坊樣的大門」。

牌坊，通常指的就是女性的忠誠，在這或許指的就是Rose對父親的忠誠。這個牌坊立在飲食店和城市中間，有著強烈的象徵意味。飲食店這個狹小的世界，有她與父親，而城市那邊，是開闊的、未知的、黑漆漆的世界。她怕進入那個世界，她也想進入那個世界，但要進入那個世界，她首先要克服牌坊對她的阻礙。

現代心理學認為，人們談戀愛時，經常會產生一些莫名的憂傷。這些憂傷，很多源自與父母的分離——我們要進入自己的世界了，我們要選擇自己心儀的戀人了……這同樣意味著，我們必須要離開父母了。這種心理喪失讓我們不由得產生一些憂傷。我們本來是想繼續保持對父母的忠誠的，這甚至是獨一無二的忠誠，即只愛父母而不愛戀人，而這就是牌坊的含義。

但是，生命的本質之一就是，我們必須離開父母，必須進入獨立的世界，必須找到自己心儀的戀人，進而組建真正屬於自己的世界。

換作Rose，就是她必須走出那個牌坊樣的大門，進入黑漆漆的、未知的城市，那裡才是她真正的歸宿。

這可能也是Bossini的意思。Bossini可以理解為「你的老闆」，再引申一下就是「你的男人」。Rose要去Bossini，其實就是要去找真正屬於她的男人。爸爸不是她的男人，因為爸爸是她媽媽的男人，只有「前夫」和男友才是她的男人。

所以，夢中很有趣的是，陪她去Bossini的，是「前夫」和男友，而父親沒有在那個情境中出現。

Rose說，現在，她已不再和父母一起居住。這是一個好的開始。

十八時二十八分

夢者

阿志，男，二十四歲，外商員工。

夢境

夜幕已降臨，我站在一棵樹下，淚如雨下。

我的女友就要出嫁了，但她嫁的不是我。她的家在前面一棟樓的五樓，那個房間燈火通明，她和她的爸爸、媽媽、姊姊、好友和新郎簇擁在一起，很是熱鬧。只有她家的這個房間張燈結綵，是彩色的，其他一切都是灰色的。

走吧，該走了，我對自己說。這時，我看了一下手錶，時間是十八時二十八分。

分析

阿志是我的一個來訪者，他來找我的原因是失戀。

二〇〇七年十月，他在外地的女友病了一個星期，而阿志一直沒有和她聯繫並慰問她。病好了後，她提出了分手，阿志答應了。

女友提出分手的那一刻，他有些慌張，但這慌張只是一恍惚的時間，後來他就恢復正常了。接下來很長一段時間，他一直沒怎麼難過，照常工作、照常交際，好像沒什麼事發生一樣。

然而，隨著時間的推移，他逐漸難過起來。二〇〇八年一月，開始有了一些焦慮和慌張；五月時，痛苦發展到頂點，陷入了很可怕的恐慌中。最嚴重的時候會覺得胸悶喘不過氣來，而且嚴重失眠，還經常有自殺的念頭。

在我看來，這是延後的分離焦慮反應。

所謂分離焦慮，即我們和一個重要人物分離時，會產生的一系列痛苦反應。最常見的分離焦慮有兩種：小孩子離開媽媽時的反應，以及戀人分手時的反應。自然，阿志的反應屬於後者。最有意思的是，剛分手時他沒什麼事情，七個月後才有了嚴重的分離焦慮。

五月，阿志去了一家醫院的精神科求治，醫生說是憂鬱症，給他開了抗憂鬱藥。此後幾個月他一直在吃藥，情緒也逐漸平復了一些。不過，他希望在藥物治療的同時能得到心理治療，於是來到了我這裡。

和他聊了一會兒後，我發現了一個奇特的規律，他們經常在十月的時候鬧分手。他們二〇〇二年開始戀愛，當時兩人剛從同一所中學考上大學。二〇〇四年十月，阿志提出過一次分手，表面理由是喜歡上了自己班上另一個女孩，但真實理由是，阿志早在他們剛開始相戀時就隱隱覺得，女友一定會離開他，他得不到她。到二〇〇四年十月時這種感覺尤其強烈，所以他忍不住提出了分手，但女友不答應，所以沒成功。

二〇〇五年十月和二〇〇六年十月，阿志又兩次提出過分手，理由類似，結局一樣，女友都沒答應。而他說，他後來明白，他其實是希望看到她在乎他，這個「陰謀」實現後，女友那種在乎會讓他有點快意。

或許是預料到了這個遊戲會再次上演，也或許是累了，二〇〇七年十月，女友第一次向他提出了分手，並且說：「這一次，讓我畫上句號！」

為什麼總是在十月鬧分手呢？我覺得這是一個很關鍵的訊息，於是問阿志：「你幾次都是在十月提出分手，這是為什麼呢？」

他好像沒有聽到我提到的「十月」，而是講起了一種宿命論。他說，剛和她認識時，他就覺得他們肯定不會長久，她一定會離開他。並且，在他們剛認識的時候，他做過一個夢，亦即本文開始提到的夢。

和十月總提分手一樣，這個夢中的數字「十八時二十八分」也引起了我的關注，並且他講到十八時二十八分這個數字時，我的身體有很大的反應，所以我給他安排了一個作業：和媽媽溝通一下這個夢。

阿志第二次來到諮商室後，有些激動地對我說，這個數字的確有著特別的意義，媽媽告訴他，他是在十八時二十八分出生的。他很驚奇，他怎麼可以夢見這個數字，因為這是他第一次知道他的準確出生時刻。

或許，這是因為我們的身體比我們的頭腦更有智慧。有科學家稱，記憶不是在大腦中存儲，而是儲存在DNA中。假若這一觀點成立，阿志是否被告知準確出生時刻就不重要了，因他的身體自然會記住這一時刻。

阿志還說，他是一九八四年五月出生的，是早產兒。又一個重要訊息出現了——阿志是五月出生，而他是五月才強烈感受到失戀的痛苦，這又有什麼關聯嗎？

阿志回答說，媽媽生他時難產，他只在媽媽肚子裡待了七個多月就出生了，並且情況一度非常危險，甚至醫生都問了阿志爸爸，是想保大人還是想保孩子。所幸最後母子倆都平安度過了這一難關。

五月出生，在媽媽肚子裡待了七個月，這樣一推算，我發現，媽媽懷上他的時候正好是十月。也就是說，他屢屢和女友提出分手的月分，正是他被懷上的月分，而他感受到可怕的分離焦慮的五月，正是他出生並遇到難產的月分。

由此，就可以理解十八時二十八分這一數字在夢中的意義：他在這一時刻出生，而他也在這一時刻和重要的女性分離。

第一次分離是出生，第二次分離是失戀。

我將這些數字之間的聯繫展現給阿志後，阿志一下子靜了下來，身體不斷顫抖。我知道，這是他被遺忘的難產之痛又一次展現。

這種痛苦的展現非常重要，所以我對阿志說，不要抗拒，歡迎這份痛苦的到來，我們一起歡迎它的到來。

接下來很長一段時間裡，我和阿志都沒說話，從阿志的神情看得出來，他還是很痛苦。隨著時間的推移，他逐漸平靜下來。

最後，阿志長舒了一口氣，說他明白了夢的含義，也明白了他的那個感覺——「女友一定會離開我，我得不到她」，並非什麼預感，不過是自我實現的預言。他屢屢提出分手，不過是不想再被動地重複分離之痛。

村裡修了座巨大的游泳池

夢者

W，男，二十八歲，有一個在歐資企業工作的女友，她一年有八個月在國外，四個月在國內。

夢境

我在陝西老家的農村，修了一座巨大的游泳池，圓形的，直徑達三、四百米。老家很缺水，而村裡人正用一根直徑約三十公分的橡膠管往那個游泳池蓄水。

「不對，不應該這樣子！」我自言自語地說，「游泳池修在沙地上，不灌水很快就會乾的。就是現在，裡面也沒多少水啊，滲得太快了！」

接著，我還想到，其實在下面鋪一個防水層也可以。不過，我還是覺得這個游泳池太大、太奢侈了。這個所謂的游泳池只是一個大沙坑而已。

做這個夢的前一天晚上，W收到女友的電子郵件，說過幾天她就要回廣州了，他們又可以在一起了。

分析

這是夢的答案。水象徵著感情，那個碩大的沙坑象徵著一場無望的愛情，這個意象是對W及其女友關係的絕妙象徵。

在給我的信中，W寫道，他和女友是大學同學，上學時他很關注她，但覺得她條件太好了，於是一直不敢向她表白。畢業後，她去了一家歐資企業工作，隨即出國接受培訓去了。那時，他非常想她，才透過電子郵件向她表達了愛意。

「之所以敢表白，是因為覺得肯定沒希望了，所以沒什麼好怕的了，只是表達一下，憋著實在太難受了。」W寫道。

果真，和他預料的一樣。她委婉而堅決地拒絕了他，並告訴他，她正在和一個同事談戀愛，不過，她和他可以做朋友。

從此，他成了她的朋友。他也很快發現，看似活潑開朗的她其實沒有多少朋友，有什麼事情都找他傾訴。雖然總聽她講她和男友的事，讓他非常痛苦，但因為愛她，他還是一直堅持了下來，做她最忠實的聽眾。

又過了一年，她和那個同事吹了，而這時，她已離不開W。於是，兩人順理成章地談起戀愛來。兩人相戀有三年了。儘管她每年多數時間在國外，但W並未在乎這種時空上的折磨。「真正的折磨是咫尺天涯。」W寫道，「以前我很愛她，但走到一起後才發現我們很不合適，我們的性格、價值觀、人生目標都格格不入，在一起的時候缺少那種默契的感覺。並且，在情感和物質上都是我投入得多，她習慣做公主，什麼事都讓我照顧她。」

不過，W仍覺得自己無比愛她，每次電話、見面、每封電子郵件、每件她送的小禮物……都是他生命中「最重要的事情」，能給他自然而然地帶來種種激情、溫暖和思戀。當然，偶爾的爭吵與冷戰，綿長的思念，以及性格等方面的不合，也給他帶來巨大的折磨。

W說，她其實很單純，而且很傳統。既然兩人走到一起了，她就開始想著結婚的事情。這讓W矛盾起來。

情感上，他覺得自己毫無疑問是熱烈地愛著她；但理智上，他又覺得兩人其實很不適合過一輩子。夢所反映的，正是這一矛盾。

大沙坑，即他們的愛情。那根粗大的水管，即他情感上的投入程度。他知道，照目前的狀況發展下去，不管他怎麼努力投入，愛情這個「沙坑」仍會很快就乾涸。

此外，夢還有更深的反映：往沙漠裡澆水曾給他好處。

「陝西老家的農村」，這一細節或許是在提醒他，他不計成本地在感情上投入的習慣，是在老家就形成的。

沙坑是「村裡人」挖的，亦即別人挖的，而不是他自己挖的。他這種情形要回溯到他與媽媽的關係上去。W在接受電話採訪時說，他從小就是媽媽的情感依託，媽媽對他的依賴勝過了對他爸爸的依賴。並且，他還是媽媽的傾訴對象，媽媽把那些煩惱事，更多地傾訴給了幼小的兒子，而不是自己的丈夫或她的成年人朋友。

這會造成什麼結果呢？

美國心理學家米勒在他的著作《愛是一種選擇》中說，這可以說是一種「情感亂倫」，也是親子關係的顛倒。在對兒子傾訴時，其實媽媽變成了孩子，而兒子卻變成了「小大人」，扮演起安撫媽媽的角色來。

這就是一個「大沙坑」。當媽媽向幼小的兒子傾訴時，小男孩一方面會感覺到自己的強大，覺得在媽媽這裡，自己比爸爸還強大還重要。但另一方面，他畢竟是個小男孩，最多只能安慰一下媽媽，其他方面他什麼都做不了。所以，不管他多麼強烈地向媽媽挖下的這個「大沙坑」裡投入情感，那些水都會很快乾涸。在這一點上，他完全是一個無能為力的小傢伙。

現在，他與女友的關係，在很大程度上是他與媽媽的關係的翻版。

以前，雖然做媽媽的傾訴對象挺累的，但他也因此獲得了媽媽最大的愛。媽媽對他的關注，勝過了對家中其他所有人的關注，這一點也給了他很大的獎賞。所以，他長大後會迷戀上在這方面與媽媽類似的女友，因為他潛意識中預期自己一樣可以獲得巨大的獎賞。而這種預期讓他深陷「大沙坑」。

所以，那個「大沙坑」既象徵他與媽媽的親情，也象徵他與女友的愛情。以前，媽媽看似是大人，其實是小孩。現在，女友看似是成人，其實是「公主」。她們都需要他這樣激烈地傾注情感，但他的這種傾注都不能改變他與這兩個「小女孩」的情感荒漠狀態。

此外，夢還反映出，他暫時還不能承受與女友分手的傷痛。因為夢裡是一根直徑約三十公分的水管，這樣粗大的水管意味著，這份感情並不是他想斷就能斷的，假如現在硬斷的話，他會感覺到巨大的痛苦。

W承認這一點，他說他只是偶爾想與女友分手，但一旦真的有分手的跡象，他就會陷入瘋狂狀態。

不過，夢裡也有積極的含義，他已想到，可以給這個「大沙坑」鋪一個防滲層，那樣它就有可能被灌滿了。

聽我說到這裡，W若有所思地說，的確，他正在考慮和女友談判，希望她改變一下她的公主作風，從一個只知索取的「小女孩」變成懂得付出的成年女人。他說，如果她真能這麼做，他們的愛情或許就有救了。

一個做了多年的夢

夢者

阿顏，女，二十七歲。

夢境

我躺在一個低窪處的草叢中，四周全是高樓大廈。

分析

這個夢境很簡單，不過很特殊。阿顏說，這個夢她做了七、八年了，並且有意思的是，儘管夢境相同，但不同時期，她有不同的感受。

最早做這個夢時，阿顏的媽媽被確診為癌症，而阿顏做這個夢時的感受是惶恐不安。最近一次做這個夢，阿顏的感受則是非常舒服，很有安全感。

為什麼會有這樣的差異？

答案肯定與她最近發生的事情有關。我問阿顏最近一次做這個夢時，她身邊發生了什麼重要的事。她說，她和她心愛的男子訂婚了。

這個男子是什麼樣的人？我再問她。

阿顏說，他是一個很有男人味、很會保護她，但也很大男人主義的男人。她還提到，他希望他們結婚後，她能做全職太太。而她儘管有些意見，但還是樂意扮演這樣的角色。

這就是答案了！

最近一次的夢中，高樓大廈象徵著她心愛的、很有男人味，但也很大男人主義的男子。她躺在低窪處的草叢裡覺得很安全，意味著她樂意扮演這種被保護但也被控制的角色。

並且，夢中的那些高樓大廈穩穩地包圍在她周圍，這意味著這個男子很想保護她，而且也有能力保護她。這也是現實的寫照，這個男子不僅愛她，也算是成功人士，並且意志力很堅強，同時又相當溫和。他不僅有精神基礎願意保護她，也有物質基礎來保護她。

那麼，第一次做這個夢時，又是什麼含義呢？

答案應該在她和媽媽的關係上。阿顏說，她是比較依賴的，而媽媽是強有力的女性，是家裡的精神支柱。她和媽媽的關係，是依賴與被依賴的關係。這和她與心愛的男子的關係模式是一樣的。

那麼，這兩個夢的象徵意義都一樣了。最近的夢中，高樓大廈象徵她的戀人；最初的夢中，高樓大廈則象徵她的媽媽。

只是，阿顏回憶說，最初的夢中，高樓大廈並不那麼牢固，有點搖搖欲墜的感覺，這令她極其恐慌。這正是當時現實狀況的象徵——作為一家精神支柱的媽媽被確診患有癌症。不過，幸運的是，阿顏的媽媽經過治療，身體不久後復元了，阿顏的安全感也隨之得以恢復。她回憶說，媽媽身體復元後，她再做這個夢，就不再惶恐不安了。

但只是感到比較安全而已。此後，阿顏一直擔憂癌症再次襲擊媽媽，或家裡的其他親人。一旦擔憂加重，這個夢就會再次襲擊她。並且，這個夢中的象徵性含義逐漸侵入她生活中的許多主題，即她生命中任何一個方面如果遇到安全感的問題，潛意識都可能會使用這個夢來表達。

阿顏贊同我的推測。前兩年，她和戀人的關係出現了一些波折，她也做過這個夢。此外，有一次，她的戀人在路上險些遭遇搶劫，她也做過這個夢。

不過，這個夢是關於關係的，一定是她所依賴的對象出現了一些危險，她才會做這個夢。如果單純是她自己遇到了麻煩，她不會做這個夢。

這個夢為什麼會做這麼多年？這和阿顏的性格有關。

她一直習慣用「陽光策略」來對抗挫折，一旦遇到了不好的事，她總是給自己打氣，讓自己裝得陽光燦爛，彷彿那些令她擔憂的事不存在一般。這種「陽光策略」可以從意識層面上令她舒服一點，但並不能消除她潛意識中的憂慮。因為只要有不好的事存在，潛意識就必定會有憂慮，這是自然也是必然的反應。她意識上想否認這種反應，這種反應就只好透過潛意識來表達，也就是透過夢來表達。

現在，她懂了這個夢的含義，也懂得該尊重自己自然的反應。那麼，這個夢以後也許就不會再出現了。

忠實男友屢有新歡

●夢者

林雪（化名），二十四歲，和男友談了三年戀愛。

她和男友是來廣州的打工族，來自不同省。

●夢境

前兩天晚上，我夢見男友對我說，有一個女教師喜歡上他，而他覺得她也挺好的。聽到他這麼說，我心裡挺不舒服，直到現在，我還記得那種感覺。

然後沒多久，我就碰上他推著一輛自行車和她一起去逛街，我很好奇，想知道他們是不是真的要交往了，所以悄悄地跟在他們後面。他們逛了一會兒後，兩人各自進了男、女廁所。隨後，我醒了過來。

之前，我還有三次夢到他有第三者，差不多是每隔兩三個月就會做一次這樣的夢。

相較於第四次，前三次更糟糕。其中有一次，我夢見他與另一個女孩好上了，那女孩還懷孕了。而這些都是一個男人告訴我的。那男人還對我說，他也喜歡我男友，他們偶爾還會在一起。我當時覺得噁心，原來他還是「同志」。

現實中的我，雖然有點懷疑男友對我的感情，懷疑我們的未來，但我沒想過他會有第三者。男友總說他很喜歡我，對我很忠誠，我也沒有發現任何跡象證明他有二心。

這是為什麼啊？為什麼每隔一段時間就會夢見他，每次結果都是背叛？並且，為什麼我將他的形象醜化得那麼厲害，現實中我從沒想過他會是同性戀啊。

我很迷茫，不知這夢是預言還是相反的。

分析

她想分手，卻不想擔「罪名」

電話中，林雪聽起來是一個很爽朗的女孩。

她承認這一點，說自己是一個藏不住心事的人。每次做了男友有「新歡」的夢後，她都會把夢告訴男友，並且「添油加醋一番，然後說他很壞」。之後，兩人都會吵幾句，林雪說：「我是（下意識中）藉機和他吵。」

被「冤枉」的男友自然會反擊，並反駁她說：「一定是相反的，其實是你想找新歡。日有所思，夜有所夢，你白天胡思亂想，晚上就做了這樣的夢，卻栽贓到我頭上。」

林雪知道自己的夢有些怪異，因為她沒有發現跡象表明男友花心，「我只是感覺上對他有懷疑，懷疑他對我不好，我們的感情不穩定，沒有未來。」

「你想和男友分手嗎？」我問她。

她沒有直接回答我這個問題，而是說，他們相愛三年了，一開始還好，但因為男友整天忙工作顧不上她，「我心裡很不舒服，就和他吵，吵過後他會好一點，但不久又恢復到老樣子。」

儘管很不滿，但林雪從未直接提出過分手。她倒是總對男友說：「你另找一個女孩吧，我們不合適。」

這就是這個夢的答案了。

正常的人，愛過之後提分手，都是一件艱難的事情，因為這會傷害對方。不管對方讓自己多麼不滿，但畢竟愛過，所以想到分手都會難過。

有些人意識到對方將提分手時，會爭著先提出分手——與其被拋棄，不如先拋棄對方，那樣心裡會好受一些。這些搶著提出分手的人，內心的安全感相對較低，他們很懼怕被傷害，那樣會顯得自己是弱者，而對方是強者。

然而，也有很多人，儘管是自己想分手，卻不想傷害對方，於是希望對方主動提出分手，這樣造成的傷害就小一些。

這些等著對方提出分手的人，內心的安全感相對較高，他們雖然也不想自己被傷害，但相對於傷害別人，他們寧願被傷害。

必須強調，其實在很多情形下，等著對方提分手的人，並不比搶著提分手的人更有「良心」，更懂得愛。相反地，等著對方提分手的人，從另一個方面來說，其實是不想承擔「做壞人」的惡名和責任。

海寧格說，一段感情無論變得多麼糟糕，做出結束的決定並提出來，都不是很容易的事。因為，主動提出分手的人，顯然應該承擔更大的責任，更容易被斥責為「情感劊子手」，被認為是傷害這場感情的肇事者。我們不想這樣做，不想被外人斥責，不想留下口實讓對方指責，也不想承擔由此帶來的內疚感。

於是，很多情侶就那麼耗著。海寧格說，他看到大量的案例，兩個人的感情其實早就「死亡」了，兩個人對此都心知肚明，並且真切地感受到，這種關係對雙方都造成了束縛和傷害，兩人都想結束。但是，為了不承擔「情感劊子手」的惡名，兩人硬是可以耗上幾年，只是為了等待對方提出分手。

林雪正是如此。她的夢，也正是她那句話的意思：你去找第三者吧，你去愛別的女孩吧，這樣我就可以不那麼內疚地走了。

她說自己對這段感情沒有信心，因為「男友不能給我承諾，讓我沒有結婚的信心」。

其實，是她不想給男友承諾，是她不想與男友結婚。

自相識後，男友多次提議想帶林雪去他家。通常，這是邁向婚姻關係的一個重要標誌，但林雪每次都拒絕男友，她說：「我不是那麼想去。」

「為什麼不想去呢？」我問林雪。

她勉強承認，她對男友缺少感覺，而且「他的工作一般，前途渺茫，我不是很看好」。

事情再明確不過了，林雪顯然是想和男友分手。但是，林雪自認是一個善良的女孩，而且朋友們也都這樣說她，她喜歡自己的善良。這樣問題就來了——她想在分手這件事上留下「善良」的名聲。

又想分手，又想留「善良」之名，而男友顯然又愛她，那怎麼辦呢？最好的辦法就是，男友有了第三者。所以，林雪才會夢見男友有了第三者。所以，林雪才會對他說，你去找別的女孩吧，我們不合適。

夢是願望的實現。男友有第三者，這也恰是林雪藏在潛意識淺層的願望。當這個願望實現後，她就可以一箭雙鵰了：理所當然地分手，並且沒有任何內疚感。相反地，還會有道德上的優越感。

這是很微妙的心理。儘管她對男友說，你去找別的女人吧，但她又說：「如果他做了錯事，出現這種情況（找了新歡），我會恨死他，我會毫不留情的！」

在電話中，即便在這個時候，已經明顯有了強烈情緒的林雪仍然沒有說出「分手」兩個字。或許，對於她來說，分手是一個道德上的巨大汙點，自己絕不能這樣做。最好是男友找了第三者，而且還是男友提出分手，那樣「我會把一切責任都歸咎到他身上」。

也就是說，在結束感情這件事上，男友應該負百分之百的責任，而她沒有一點責任。相反地，她還是一個受害者，是一個值得同情的對象。

但是，這種「完美願望」是很難實現的，因為男友喜歡她，既不會去找第三者，更不會提出分手。於是，林雪只好不斷地做這種怪誕的夢。

兩種心態讓我們不願提分手

像林雪這樣的心理，是非常常見的。我聽過很多故事，一些男人和女人，他們總是成為「被拋棄者」。儘管有過多次戀愛，但他們從來沒有主動做過「感情終結者」。為了等待對方提出分手，他們可以等一年、兩年、三年，甚至許多年。

譬如，一個二十五歲的女孩，她二十一歲起就開始和一個男孩談戀愛，那個男孩住在她家裡，她的父母「像對待親兒子」一樣對待她的男友，在他畢業時幫他找工作，在他工作上遇到麻煩時幫他解決。她也無微不至地照顧男友，「自認為是一個完美的女朋友」。

但是，這個男孩卻和另一個女孩上床了。被她發現後，他乞求她不要和他分手，因為他還愛著她。

這個女孩說，為什麼這個男孩這麼恬不知恥，得到了這麼多還背叛她？

我問她，既然這個男孩這麼糟糕，為什麼不和他分手？

她承認自己對他已沒有愛，她的父母已對他非常反感，這個男孩也沒有威脅她如果分手就要報復她或家人，但她就是說不出「分手」兩字。

再談下去，這個女孩終於承認，她最恨的是，這個沒有廉恥的男孩為什麼不主動滾出她的家，從她的視野消失。

自認為在某一方面完美的人，勢必在這一方面存在著嚴重的心理問題。這個二十五歲的女孩恰恰如此。她自認為是「完美的女朋友」，所以不能犯一點錯誤，不能像「壞女孩」一樣水性楊花，也不能做「感情的終結者」。

「完美的女朋友」，必然伴隨著「壞透的男朋友」。否則，襯托不出她的完美來。從這一點來講，這個女孩內心深處，或許是很依戀這個男孩，因為只有這樣，她的完美情結才能得到滿足。相反地，如果碰上一個「完美的男朋友」，只怕她會手足無措，不知道該怎麼相處。這是很多人提不出分手的重要原因。

以下兩種心理，往往讓人做不了一個「感情的終結者」。

第一，賭徒心理。即，我投入了十分，希望對方能回報十分，但對方卻只回報了一分，我太不甘心了。於是，我繼續投入，希望能拿回那沒有得到的九分。但對方一如既往地不肯給予回報，於是自己的損失愈來愈大，而「不甘心」的心態也愈來愈強。

第二，自戀心理。這樣的人有另一種「完美情結」：我很聰明，我永遠不會錯。於是，當他們發現自己選錯了一個異性時，他們會非常難過，但主要不是為這個異性帶給自己的傷害而難過，而是為「我怎麼會看錯他（她）」而難過。

由此，他們拒絕直面這個現實，反而拚命遮掩，對別人說，戀人是多麼地好；或者，拚命去改造戀人，希望戀人能變好。但這種改造，並非是為了戀人好，而是為了滿足自己「我沒有選錯人」的自戀心態。

真關愛他，就離開他

所以說，不肯與「錯誤的戀人」分手的人，並不都是「好人」。他們為了追求自己的「完美情結」和占據道德制高點，既犧牲了自己的幸福，也犧牲對方的幸福。因為，感覺最終仍將是壓倒一切的東西，他們不可能迴避這一點。勉強與戀人生活在一起，最終只會使得他們對戀人的反感和敵意愈來愈強烈。這樣下去的話，就算不分手，對戀人來說也將是一種折磨。何況，很多有這種心態的人，最終還是選擇了分手，那對戀人的傷害會更大。

真愛，需要決心、勇氣和真正的責任感。懂得真愛的人，要為對方負責，但同樣需要對自己負責。那些一味在戀愛中扮演「永遠不會錯」的人，其實恰恰是不懂得真愛的人。

一個女孩，談戀愛時覺得對男友沒感覺，於是一個月後提出了分手。男友很愛她，又很善於哄女孩，用盡渾身解數去哄這個女孩回心轉意。女孩知道他是在哄她，但看到他對自己這麼好，不忍心離開，於是繼續交往下去。再過一個月，仍然沒有感覺的她再次提出分手，他再次使出渾身解數去哄她，她再次不忍心，於是繼續交往下去。再過一個月，她再次提分手，他再次哄她……這樣循環了十二次後，他們結婚了。

結婚後，丈夫對她一如既往地好，而她一如既往地對丈夫沒感覺。但結婚意味著承諾，而她極重承諾、極其善良，並認為這是自己的兩個優點。她不忍心破壞自己的優點，但也無法改變自己不愛丈夫這個事實……

終於，在婚後的第四年，因為丈夫賭氣說了句「那就離婚吧」，她抓住這句話與丈夫離婚了，並且一再對他說「是你想和我離婚的」。即便這個時候，她仍然不願意做「惡人」，不願意承認，是她想和丈夫分手。

她仍一如既往地善良。離婚後，想起前夫這麼多年來對自己無微不至的愛，她陷入了深深的憂鬱，甚至想到自殺。

這時，她才明白，真正的善良就是尊重自己的感受，在交往的第一個月就應該果斷分手。

一百元，還是四百元？

夢者

許先生，男，四十餘歲，已婚。

夢境

和一個情人（現實中有此人但並無情人關係）在一起，我們情欲高漲，恨不得立即做愛。於是，我們迅速訂了一家五星級酒店，搭了一輛計程車過去。

到了酒店門口，情人先下車。要付錢時，計程車司機說，四百元。

我大怒，怎麼可能四百元？一百元就夠了！

我們爭執起來，情緒激烈，誰也不肯讓步。爭執持續了很長的時間，我忽然發現那如火焚燒的情欲正逐漸消退，看了情人一眼，發現她在酒店門口站著，落寞而無奈。

分析

許先生是我的一位來訪者。

對於這個夢，他自己有一點領悟。他說：「武老師，是不是我的生命經常陷在四百元還是一百元這樣的爭執中，就可以避免性帶給自己的焦慮了？」

的確，但同時，也就無法享受情欲的歡愉了。

這個夢，這份感悟，我想，或許可以解讀我們文化中許許多多的現象。

佛洛伊德說，文明就是對性的防禦與昇華。

幹麼要防禦？佛洛伊德的答案是伊底帕斯情結，也就是男孩的戀母弒父情結與女孩的戀父仇母情結。（一般是將戀母弒父情結稱為「伊底帕斯情結」，與之相對應的戀父仇母情結稱為「厄勒克特拉情結」。中文語境有時也將伊底帕斯情結說成戀母弒父情結和戀父仇母情結。）

性是排他的，而性最初萌發時，三到六歲的孩子針對的是自己的異性父親或母親。這是對同性的父親或母親的背叛，於是引發了一系列複雜的心理問題。

化解伊底帕斯情結的關鍵是，讓孩子認同自己的同性父母。

要實現這一關鍵，父母的關係要好，他們彼此深愛，彼此認同，同時父母又都愛孩子，並讓孩子感受到，父母之間也是彼此深愛的。

實現這一點，還要有一個前提，即無論男孩還是女孩，在三歲前與媽媽的關係都要非常好。這種好包括兩點：第一，穩定，媽媽與孩子沒有長時間分離；第二，有品質，即媽媽深愛孩子，能看到孩子的真實存在。

媽媽勢必是不完美的，所以，每個嬰幼兒心中都有兩個媽媽形象：一個是能看見自己、滿足自己、陪伴自己的好媽媽；一個是否定自己、拒絕自己、拋棄自己的壞媽媽。並且，好媽媽會對應養出一個善良的好孩子，壞媽媽會對應養出一個惡毒的壞孩子。這是每個人心中好（媽媽）與壞（媽媽）、善（孩子）與惡（孩子）的最初分裂。

若好媽媽的部分夠多，孩子三歲前就會初步形成寬容與整合能力。他能整合外部世界的好與壞和自己內心的好與壞。若壞媽媽的部分很多，孩子的整合能力就不能形成，因為對他而言，將好媽媽和壞媽媽整合在一起，意味著好媽媽的部分會被壞媽媽的部分淹沒。

三歲後，父親開始介入到母子關係中。這時，父親就會被孩子——特別是男孩，知覺為敵人。這一方面是真實的，父親對孩子和媽媽的依戀關係構成了挑戰；另一方面是投射性的，即孩子將壞媽媽的原始形象投射到父親身上，並以壞孩子的態度，惡意對待父親。

若好與壞、善與惡的對立本來不嚴重，孩子有初步的整合能力，父親也不算太差，譬如對兒子沒有濃烈的敵意，而是很愛孩子，那麼兒子就能接受媽媽與父親並存於自己的現實世界。

若好與壞、善與惡的對立本來就很嚴重，而父親對兒子又缺乏愛，甚至有濃烈的敵意，那麼三歲後，伊底帕斯情結就容易成為男孩過不去的一道檻。他會渴望獨占母親，並有強烈的弒父情結。

雖然，沒有多少男人會真的有弒父行為，但這種藏在內心的罪惡，會帶來無數困擾。女孩也有類似的心理發展過程，但比男孩複雜、晦澀很多。

在我們的社會中，伊底帕斯情結往往比較嚴重。這有幾個原因：

第一，缺乏愛的能力，導致夫妻之間缺乏愛情的滋養。

第二，母親很容易和兒子構建過於親密的關係，對兒子的情感很容易超越對丈夫的情感，這讓兒子成為伊底帕斯情結的勝利者。

第三，母親自己的人格發展很不完善，結果，對兒子的愛不夠，又構成了對兒子的嚴重吞噬。這會讓兒子內心好媽媽與壞媽媽的對立很嚴重。

第四，父親疏離於家庭，和孩子構建關係時，多是嚴厲、冷漠的。結果，他們貌似兒子的敵人，兒子將心中的「壞媽媽」，即原始敵人的形象，投射到父親身上。

這些因素加在一起，讓中國的家庭、社會乃至歷史文化，都暗藏著濃烈的伊底帕斯情結。

為了防禦伊底帕斯情結，我們有兩個重要辦法。

第一，孝道。孝道在我看來主要是孝母的。孝是敬而非愛，愛是親密、親近的，而敬是尊卑的，是疏遠的。

第二，壓抑甚至滅掉性欲。既然男孩的原罪，是將性欲指向母親，將殺戮欲指向父親，而殺戮也是為了爭奪情欲。那麼，滅掉情欲，也就滅掉了隨之而來的競爭欲。

由此，我們的文明，以及我們文明涵蓋下的東方文明，夫妻之間的情欲是被排斥的，而親子之間的愛卻是被極力鼓勵的。結果，這進一步加劇了伊底帕斯情結的嚴重程度。於是，我們又發展了一系列複雜的文明機制，去防禦這種焦慮。

比如高考，也是在防禦這種焦慮。高考有一個間接功能：將青春期包裹著最濃烈情欲的活力都消耗在刻板的應試教育中。

或許，高考與整個應試教育體系發展到如此地步，只不過是一百元還是四百元這一夢境之隱喻的引申。

人的活力、能量往往是和性聯繫在一起的，性能量不能很好地面對，將意味著所有的能量都不能很好地面對。所以，整個社會都歇斯底里地將寶貴的能量與性一起貫注到考試中，就避免了性帶來的焦慮。

在許多考試焦慮的故事中，我們隱隱看到了隱藏於其中的這種訊息。

其實，將整個生命能量都消耗在一百元還是四百元的爭執中，性焦慮可能被防禦了，但享受生命也因此變得不可能了。

當然，伊底帕斯情結並非僅僅是中國的問題，而是整個世界的問題。佛洛伊德認為，人都逃不過這一情結。

看過一部電影《破曉開戰》，講的是一群高中生出去郊遊而引發的事。

一群高中生出去郊遊會如何？他們的父母心知肚明，但猶豫後都批准了孩子出去。一對父母還擠眉弄眼地商量，他們都嗅到了青春期性欲的騷動，只是與中國父母不同的是，他們年輕時也是這樣度過的，所以他們不介意孩子也這樣度過青春。

郊遊那天，他們嬉戲，他們追逐，他們游泳，他們相互表達但又擰著……情欲在這個過程中日益高漲。同時，按照精神分析的理論，他們的競爭欲及殺戮心也在高漲。

當天晚上，他們圍著篝火睡成一圈，不知有否睡著，更不知情欲如何安放。突然間，聽到奇怪的聲音，多架飛機飛了過去，這讓他們有種很不好的預感。

回到鎮上，他們發現戰爭爆發了，他們的親人都被抓到了集中營。接下來，經過一連串的機緣，這群高中生都成了戰鬥英雄。

經由這個過程，性的動力變成了攻擊的動力。本來男孩指向父親的殺戮心，女孩指向母親的嫉妒心，都變成了對真實敵人的攻擊。

戰爭中，攻擊的動力是簡單而清晰的——我是對的，你是錯的，或至少不是你死就是我活，不必太糾結。

但性的動力是曖昧而糾結的，會糾結到讓一個人的心，複雜到自己和別人都看不清。

回到許先生的那個夢。可以說，一百元和四百元的事，他是可以和計程車司機理直氣壯地爭執的，可以讓生命能量不那麼焦慮地耗費在這裡頭。

若細緻地分析，這個夢還有以下含義。

第一，和情人去五星級酒店偷情，針對的是，和妻子在家中做愛。

無數與母親過於親密的男子，在與妻子過性生活時都會遇到大麻煩。這有兩個常見的原因：其一，妻子等於媽媽，若與妻子做愛，等於將情欲指向媽媽，會引起嚴重的焦慮。其二，妻子等於媽媽，與媽媽過度親密，讓他們有了吞沒感；若與妻子過度親密，也會引起他們的被吞沒焦慮。

所以，找情人去五星級酒店偷情，這意味著輕鬆、不負責任。而性愛必須有輕鬆感，才能有情欲中那種特有的歡愉。太沉重，會傷害性快感。

第二，計程車司機是男人，他或許是許先生內心父親形象的投射物，他們爭論計程車費用的事，將敵意消耗到這種瑣事上，也避免了他們更嚴重的競爭。

許先生本來就有嚴重的問題，他與妻子不僅性生活品質很差，情感也逐漸變得疏離，因此引發了一連串家庭問題。但隨著諮商的深入，特別是對伊底帕斯情結的探討，讓他發生了一連串改變，最終修復了與妻子的關係。這是雙方面的，情感和性愛都變得美滿了。

夫妻關係是家庭的定海神針。當許先生夫婦的關係改善後，他們家庭的一連串問題也得到了改善。

Part 5

夢見家庭變故

積極面對泥沙俱下的生活

三歲兒子的白頭髮與黑頭髮

夢者

阿穎，三十多歲，有一個三歲的兒子，叫丁丁。

夢境

丁丁的頭髮全白了，我帶著他四處求醫，但都醫不好。後來，我遇到一個老太太，她的頭髮是黑的。她說，她能治好我兒子的白頭髮。於是，我請她過來醫治。

非常神奇，她用手摸了我兒子的頭一下，就在那一瞬間，我兒子的頭髮又恢復了黑色，而老太太的頭髮卻變成了白色。

我很驚訝，也很感激，問該怎樣感謝她。她回答：「就寄一千塊錢吧！」然後，她就消失了。

分析

這是一個有啟示性的夢，它是在警示這個媽媽。

這是我聽完這個夢後形成的一個清晰的感覺，但我感覺不到，它到底要啟發哪一方面。不過，那個老太太顯然是最重要的。於是，我問阿穎，她的家族中有哪個重要的女性長輩是意外死去的。

阿穎想了好久，最後說是她的媽媽。在她兩歲時，媽媽因病去世。後來，爸爸再婚，後母對她很好，完全把她當親女兒對待。

這是解這個夢的鑰匙。很小的時候失去媽媽，這麼重要的事情，阿穎想了好久才說了出來，顯然這是一件被她藏在內心深處的、不願意去碰觸的重度創傷事件。

我問阿穎，她還記得媽媽是什麼樣子嗎？她說完全不記得了。並且，她認為這件事情應該不是太重要，因為後母對她非常好。

「那麼，會不會因為後母這麼好，當懷念生母的時候，你會產生一種負罪感？」我問她。阿穎承認有這種感覺。所以，為了回報後母的愛，她會做一些努力，以忘卻生母。

這是很多人都會做的事情。畢竟，逝者已逝，而活著的人卻每天為我們付出愛，給予照顧，所以，為了回報活著的人的愛，也為了表達對活著的人的忠誠，我們會不由自主地試圖忘卻逝者。

但從心理學的角度來講，任何事情一旦發生，都不會被忘記，我們最多只能將其壓抑到潛意識之中。那些重要的事情，尤其如此。

不管我們付出多麼大的努力去忘記，那些重要的事情實際上仍然在我們心中占據著重要的地位，並透過潛意識對我們的生活發揮重大的作用，就好像由此而證明，這些事情仍然存在著。

阿穎的媽媽，也一樣是「仍然存在著」，並不會因為阿穎及家人的努力忘記而從這個家中自然消失。只不過這種存在，是透過阿穎的兒子丁丁表達了出來。

按照海寧格的說法，就是晚輩認同了一些被刻意遺忘的長者，以此來維持這個家族原有系統的平衡。

具體說來就是，丁丁有些地方表現得像是一個老人，而不是一個三歲小孩的樣子。這是潛意識完成的過程。儘管他一直將媽媽的後母當作外婆，根本就不知道還有一個親外婆。

海寧格發現，小孩天生有做父母的「保護神」的衝動，並且他們的直覺非常靈敏，他們可以敏銳地捕捉到父母的一些心理「黑洞」，然後去做一些事情，以填補這個黑洞。

具體套用到這個案例，就是丁丁捕捉到了媽媽的「心理黑洞」，那就是媽媽很小的時候就失去了她的媽媽。這一定是非常痛苦的事情，雖然現在談起來，阿穎好像一點都不為此痛苦，但其實是痛苦被藏到了潛意識之中。不需要媽媽說什麼，丁丁就可以感觸到媽媽的這個痛苦，並且會做一些事情，以填補媽媽的這個「心理黑洞」。

他會做一些什麼樣的事情呢？就是，有些地方變得不像是一個三歲小孩，而是很像大人——其實就是很像是阿穎的媽媽。

但孩子這樣做，當然不對勁。阿穎感覺到，丁丁最近幾個月來是有些地方不對勁，但她不知道，這到底是怎麼一回事。所以，就有了這個夢。

夢以「三歲兒子頭髮全白」的方式告訴她，丁丁認同了一個老奶奶，而只有這個老奶奶才可以把丁丁不對勁的地方改過來。並且，夢還告訴了她，找到這個老奶奶的方法——「就寄一千塊錢吧」。

寄，可能是「祭」。「寄一千塊錢」，可能是「祭一千塊錢」。

夢裡，「寄」，可以讓丁丁變回黑頭髮。現實中，「祭」，可以讓丁丁重新做回小孩。不過，這是透過一個複雜的過程完成的。

具體就是，阿穎透過祭奠媽媽，重新在心裡給了媽媽一個位置。阿穎的整個家庭，透過祭奠阿穎的媽媽，重新在家族中給她留了一個位置。這樣一來，阿穎那個藏在潛意識深處的「心理黑洞」就見了陽光，而不再是一種不能碰觸的痛苦。雖然，丁丁仍不可避免地要做媽媽的「保護神」，但媽媽已經不需要這方面的保護，所以丁丁就會重新回到小孩的位置上，不再為媽媽的心理缺失而焦慮、痛苦並改變自己。

後來，阿穎聽了我的建議，去做了祭奠。不過，最初她是讓她的爸爸帶著丁丁去媽媽墳前做祭奠。但丁丁做不做祭奠，應該不是太重要，重要的是阿穎自己帶著感情去做祭奠。只有她透過祭奠的方式，給媽媽在心裡留一個位置，丁丁才會回到自己的位置上。

接下來，阿穎又自己去了媽媽的墓地，帶著感情做了祭奠。以前，她其實也會在媽媽的忌日和一些重要的節日去媽媽的墓地，但沒有一次是帶著感情去的。

此外，她還聽了我的建議，讓爸爸給她講了很多關於媽媽的事情。這樣一來，媽媽對阿穎來說就不再是一個抽象的詞彙，不再是藏在潛意識深處的一個形象，而是活生生的、可以感知、可以愛的形象。

做了這些事情後，丁丁發生了一些改變。過去的幾個月中，他很容易出現莫名其妙的焦慮，性子愈來愈急，有時候會拿頭撞牆。但現在，這些跡象都少了不少。

可以預料，隨著阿穎對媽媽的認同愈來愈多，丁丁慢慢會做回他自己。這可能就是夢中「白頭髮重新變回黑頭髮」的啟示。

剛滿月的女兒在家中發生意外

夢者

一位年輕的媽媽，具體身分不詳。

夢境

一個多月前，我添了第一個女兒。就在前幾天晚上，我做了一個夢，早上五點三十分左右，女兒在家中發生意外，我在外面知道後，很悲傷地趕回家，並在悲傷中醒來。

分析

這個夢，我無法做精確的分析，因為這位年輕的媽媽在信中沒有詳細描繪夢的細節，也沒有留下電話以便做採訪。但這是一個重要的話題，我希望在試著分析這個夢的同時，能給遇到類似問題的讀者一些幫助。

這個夢的含義至少有兩種可能性：一種可能性是展現了這位媽媽對女兒處境的擔憂；另一種則是展現了不完美的母愛——媽媽有希望女兒出意外的輕微願望。

先談第一種可能性。這位媽媽強調了兩點——「第一個女兒」和「五點三十分」。「第一個女兒」，這個詞透露了一個資訊，即這位媽媽可能有要生第二個，甚至更多女兒的心理準備。至於「五點三十分」，很可能是她女兒出生的時刻。

為什麼要生第二個或更多女兒呢？我認為最大的可能性是，這位媽媽所在的家庭有重男輕女的傾向，很希望有一個男孩。當看到她生的是女孩時，家人非常失望甚至非常不滿，他們的情緒給這位媽媽造成了很大的心理壓力。丈夫或其他重要親人甚至已經開始向她明確表示，他們很不高興，他們希望她再生下去，直到有一個兒子為止。

在這種情形下，出於母愛，這位媽媽擔憂自己的女兒會被歧視，甚至會遭到虐待，但她無法直接地表達擔憂，甚至不得不把這種擔憂給壓抑下去。夢則告訴她，她應該有所擔憂，她的擔憂是有道理的。

再談第二種可能性。很多女性在做了媽媽後，會因為一些生理和心理原因，患上程度不一的產後憂鬱症。生理原因的解釋，目前尚未統一，而心理原因方面，最常見的是一種失落感。

夫妻關係的問題被暴露

廣州向日葵心理諮商中心創辦人胡慎之說，在懷孕期間，孕婦會得到重要親人的極大的關愛，但這種關愛，部分是給孕婦本人的，部分是給即將出生的小孩。孩子還未出生之前，這些關注是統一的，全部集中在孕婦身上，但孩子出生後，這些關注會產生分裂，相當一部分焦點會轉移到新生兒身上，只有一部分還留在媽媽身上。並且，在很多家庭當中，妻子本來就是被當作傳宗接代的工具，孩子出生後，大部分關愛就會轉移到新生兒身上，妻子會被忽視。

這種時候，這些年輕的媽媽會產生恨意。如果分得清楚，這種恨意會對準忽視她的人，但如果分不清楚，這些恨意很可能會轉移到孩子身上。也就是說，做媽媽的，因為孩子奪走了原來屬於她的關愛，而對孩子產生了敵意。

還有一種情形，即本來夫妻關係就有一些問題，丈夫沒把妻子當作成年人來愛，而是將她當作小女孩來愛。

在孩子沒出生前，這沒有問題，但女兒出生之後，丈夫有了一個真正的小女孩，他的焦點會迅速從妻子這個「假的小女孩」身上轉移到女兒這個真正的小女孩身上。這種時候，妻子也會產生強烈的失落感，並可能由此產生「假若女兒沒有出生，該多好啊」這種念頭。

但是，這種念頭一旦產生，她會完全不能接受。她會痛斥自己，作為媽媽，怎麼可以詛咒女兒呢？她一定要做最好的媽媽，給女兒完美的母愛。所以，她會立即努力將這種念頭壓下去。

不過，這種念頭不會因此而消失，它只是被壓到潛意識裡面而已，而夢就是潛意識的展現。

生了女兒，做媽媽的可能會產生失落感。生了兒子，做父親的也有可能會產生失落感。在「搖籃網」上，一位媽媽發文說，兒子剛生下不久，兒子一哭，她自然而然地就想去哄他，丈夫一看到這種情形就會大發雷霆，阻止她不讓她這樣做。

在給她的回覆中，另一些媽媽說，她丈夫很可能是在吃兒子的醋。之所以出現這種情況，很可能是在兒子沒有出生前，丈夫把自己當作小孩子，而把妻子當作媽媽來愛。但現在，真正的兒子出現了，他這個「假小孩」就失去了原來的心理地位，於是吃起醋來。

作為正常人，一旦對兒女產生醋意，並隱隱希望他們出意外，我們就會感到非常惶恐。我們的道德感會咒罵、斥責我們：「你怎麼可以這樣想！」這種道德感還會要求我們：「你一定要做一個完美的媽媽！」

但完美的愛不存在。作為凡人，我們對親人的愛，都有自私的成分在，都有一些瑕疵。承認這個真相，我們才能做得更好。

改善夫妻關係的契機

真相永遠是最重要的，如果故意壓下一些真相，而強迫自己做完美父母，那麼常會事與願達。譬如，假若第一種情形成立，是家人對這位年輕媽媽生了女兒而不滿，那麼這位媽媽就應該鼓足勇氣直面這個真相，並學習如何保護女兒，或爭取讓他們接受女兒。

假若第二種情形成立，是家人有意無意地將她當作傳宗接代的工具，女兒一出生就將大部分關愛轉移到女兒身上了，那麼，她可以明確地對家人表達不滿，或者起碼知道是家人對不起她。如果她能做到這一點，她就不會遷怒於女兒。

假若第三種情形成立，是她在以前的夫妻關係中一直扮演小女孩的角色，女兒出生後，丈夫把愛轉移到了真正的小女孩身上，那麼她可以重新學習做真正的妻子和真正的媽媽的角色；她還可以引導丈夫，把夫妻關係推向成熟。

這些都是重新認識親密關係的契機，如果刻意地壓抑自己對女兒的一些敵意，強迫自己做完美媽媽，那麼她就會失去這些機會。並且，單純的壓抑是沒有效果的，敵意一般會愈壓抑愈深，並很可能在最後以極端的形式表達出來。經常有報導說，得了產後憂鬱症的媽媽殺死了親生兒女，很可能就是類似的原因。

就算沒走到這種極端的地步，媽媽也可能會發現，無論她怎麼努力，總是會看女兒有些不順眼。而女兒長大後也會發現，媽媽雖然在物質照顧方面做得很好，也很樂於對她表達關愛，但她總覺得媽媽的關愛讓她不舒服。這是因為，這些愛中摻雜著敵意。

無論以上哪種情形成立，我必須強調一點，我一點都沒有譴責這位媽媽的意思。因為在多數情況下，打了折扣的母愛仍然是偉大的。

媽媽變成了一條蛇

夢者

壯壯，男，五歲。

夢境

媽媽變成了一條五彩斑斕的蛇，還帶著一群小蛇，拚命追我。

分析

或許，我現在已經有了一種職業病：總能從看似美好的事物中發現問題，並且還是不小的問題。最近一次領略我這種職業病的，是好友王女士。

前不久，我和她聊天，她屢屢講起她的兒子，五歲的壯壯。顯然，她有點自戀地以為，她應該是一個好媽媽，因為她不僅願意聆聽兒子的心聲，還非常了解兒子。譬如，每當小傢伙生悶氣的時候，她總是很快就能猜到他生氣的原因。

為了說明這一點，她給我講了一個小故事。

一天早上，她起床後去兒子的小床邊，像往常一樣想和兒子親暱，但卻發現小傢伙很勉強，臉上的神情也透露著「我不想理你」的信號。注意到兒子這種神情後，她問小傢伙，發生什麼事了，讓你不願意理媽媽？

一般而言，年齡幼小的孩子是不太願意用語言溝通的，壯壯也不例外，他只是用臉色和身體姿勢來表達不滿。

既然小傢伙不願意說話，王女士只好猜了。

她回憶說，當時好像是心有靈犀一樣，她突然間心念一動，想到了一個很可能的原因，於是問壯壯：「你是不是做噩夢了？」

果真，她猜中了小傢伙的心事，壯壯用力地點了點頭，用很大的聲音說：「媽媽變成了一條蛇！」

原來，壯壯做了一個夢，夢見媽媽是一條蛇，而且是一條五彩斑斕的、非常粗大的蛇，後面還帶著很多小蛇，在追壯壯。壯壯很怕，怎麼跑都甩不掉牠們，最後在驚慌失措中醒了過來。

王女士說，一次就猜中兒子的心事在她的生活中並不罕見。記憶中，她要猜中兒子的心事似乎從來不需要超過三次。她還給我講了其他一些猜兒子心事的例子。不過，我的注意力一直停留在那個關於蛇的夢上。

我問她，有沒有想過這個蛇的夢說明了什麼？

她想了一會兒，突然說，前不久，她在一個心理師那裡做治療時，心理師感覺她有「吞併」丈夫的傾向。說完這句話後，她若有所思地問我：「兒子也覺得我在吞併他嗎？」

顯然是。

一個擔心被吞噬的夢

夢見蛇，應該是最常見的一種噩夢了。

對此，比較常見的解釋是，對蛇這種爬行動物的恐懼，是人類最原始的恐懼之一，牠是人類及人類先祖數百萬年，甚至更長時間以來的集體經驗的累積。如果我們能了解其他動物的夢，或許會發現，對牠們而言，對蛇的恐懼也一樣是最常見的噩夢之一。畢竟，對於許多動物而言，蛇都是最常見的一種威脅。

並且，蛇有一個特點，牠的攻擊方式是先放毒再吞噬。而那些沒毒的蛇，則是直接吞噬。所以，當我們感覺到自己被某個人「吞併」時，就容易做蛇的夢。

很巧的是，數年前，我也做過一個被吞噬的夢。

那時，我認識一個女孩，她多才多藝，又年輕美貌，但她有一些問題。簡而言之，就是她缺乏自我存在感，於是她對親密關係非常渴求，一旦建立起親密關係，她會很黏人。每當戀人暫時離開她，她都感覺自己瓦解了，就像一棟很不堅固的房子那樣，分崩離析了。也就是說，她的存在感是建立在別人身上的，別人稍稍疏遠她，都會給她造成很大的痛苦。因而，她要時時將對方緊緊抓住，那樣才有活著的感覺。

並且，當戀人不在她身邊時，她除了有生不如死的感覺外，還會特別憤怒。有時，這種憤怒會指向戀人，令她對戀人發很大的脾氣。有時，這種憤怒會指向自己，令她有自殘的衝動；嚴重時，她會有強烈的自殺衝動。

一開始，我對她有理性的認識，於是一直刻意和她保持距離。但她對我又有很大的吸引力。一次，我們透過電話聊了很久，她對人性的洞察力令我讚嘆不已。放下電話後，尚是單身的我不由想到，是不是可以考慮和她在一起？

結果，當晚我就做了一個夢，夢見一條超大的蛇將我吞掉。這個夢是在提醒我，面對這個女孩，我有被吞噬感。

美好事物一絕對化，便會出問題

我將我的夢告訴王女士，她陷入了沉思。好一會兒後，她說：「兒子那個夢我懂了，但是，我還是想不明白，為什麼我會給他留下吞併感？難道，我不應該去了解兒子的想法嗎？」

我知道她的意思。

之前，在為自己是個「好媽媽」而沾沾自喜時，她談到了一點：她覺得自己似乎了解兒子的所有想法。

當然，這只是一個結果。為了達到這個結果，她付出過巨大努力，就是努力和兒子溝通。為此，她會很看重和兒子談心，並且每次都是很有耐心，也很享受地去詢問兒子的想法和感受，而她也會很尊重兒子的感受，並且會根據兒子的感受做出恰如其分的選擇。

譬如，一天，他們一家三口去逛街，兒子突然停下來不走了，也不說為什麼。王女士的丈夫想採用男人的方式解決問題。不過，他的方式並不粗暴，他常常先搔兒子癢，把他逗笑後再扛到肩上強行帶走，不管兒子怎麼反對他都不會停下來。

王女士不贊同這種方式，她認為這缺乏理解，所以她會堅持她的方式：先蹲下來，耐心地問兒子到底發生了什麼事。知道兒子的真實想法後，再決定要滿足他，還是說服他。總之，王女士認為選擇前必須有一個前提：了解兒子的真實想法。

我也贊同，這是非常好的方式。然而，任何方式一旦將其絕對化，就很容易出問題。

因為，絕對化的背後藏著一個人對某種渴望的極度執著。並且，這種執著的另一面，就是一種極度的恐慌和逃避。

對於王女士而言，她將「理解兒子」這一點絕對化，這意味著，她極度渴望與兒子之間的融合感。但她極度渴望與兒子融合，也意味著，她對於距離感極度恐慌。

可以說，王女士和我遇到的那個女孩有類似之處。她們都缺乏存在感，都渴望親密關係，都害怕與親人分離……

當有了和那個女孩走近的念頭時，我的潛意識深處就有了被吞噬的擔憂。

心理師則對王女士說，他感覺她有「吞併」丈夫的傾向。

王女士說，她的丈夫經常很晚回家，而這恰恰是她最憤怒的事情。每當到了三更半夜，丈夫遲遲不回來時，她便會有恐慌感，還有窒息感，常常會覺得自己好像要瓦解了。令她特別生氣的是，他們本來有約定，如無特別事情，他必須在晚上十二點半前回家，但他經常違反這個約定。

「但是，他為什麼那麼晚才回家呢？」我問她。

她沉思了一會兒後說，她相信他沒有外遇，也相信他沒去聲色場所，但她的確不知道他到底是做什麼去了……

「或許，他只是要時不時地躲你一下。」我說。

「為了對付我的吞併傾向?!」

再親密的關係也需要距離

這是夫妻關係中很常見的一種遊戲：一個人想緊緊抓住另一個人，但抓得太緊了，另一個人就會有窒息感。於是，他每隔一段時間便會莫名其妙地消失一陣子，他或許會有外遇，但很多時候，他只是去找一個獨處的機會而已。

多數時候，是女性玩「吞併」的遊戲，但也有不少男性會這樣做。

緊緊抓住一個成年人，相對是比較困難的，但緊緊抓住一個孩子，容易很多。於是，很多對丈夫失望的妻子，會將注意力轉移到孩子身上，將與丈夫融合的渴望，變成努力與孩子融合。而「我要知道你所想的一切」，便是最常見的追求融合的努力。

假若王女士只是在必要時去了解兒子，她就是一個好媽媽。但假若她在任何時候都想知道兒子在想什麼，她的愛就會給人一種窒息感。

其實，任何一種親密關係都需要一定的距離。甚至可以說，融合只是瞬間的，而距離才是永恆的，正如美籍黎巴嫩作家紀伯倫在《論婚姻》中所說：

彼此斟滿了杯，卻不要在同一杯中啜飲。
彼此遞贈著麵包，卻不要在同一塊上取食。
快樂地在一處舞唱，卻仍讓彼此靜獨，

就像連琴上單獨的弦，
在同一韻律中顫動。
……
要站在一處，卻不要太緊密。
因為殿裡的柱子，也是分立在兩旁，
橡樹和松柏，也不在彼此的蔭翳中生長。

父母不必了解孩子的一切

一個豐富的生命是有著很多關係需求的，而不是只與父母等親人建立親密關係。譬如，一個孩子全神貫注地看一棵樹時，他就是在與這棵樹建立關係。這時，如果父母過來問孩子從這棵樹中看到了什麼，那麼，父母就是割斷了孩子與這棵樹的直接聯繫。

很多論教育的文章都寫道，父母要多鼓勵孩子。但是，假若父母把這一點絕對化，無論孩子做什麼都鼓勵孩子，那麼孩子做事情的原動力——例如好奇心得到滿足——就會被破壞，以後做什麼彷彿都是為了得到父母或他人的認可，一旦沒有父母或他人的認可，他就會茫然失措。

在這種環境下長大的孩子，會形成一個外部評價體系，即他做事的動力都源自別人，而不是源自他的內心。

一個孩子只有從他的內心出發，才會形成對這個世界的獨特認知。而這正是創造力的來源。孩子的天賦是無窮的，但父母自以為他們了解孩子的一切，於是孩子就被限制在他們已知的平庸範圍之內。父母不必渴望了解孩子的一切，難道愛因斯坦的父母能了解兒子的世界？

總之，在每一種人際關係中，都存在著矛盾：既渴望融合的瞬間，又渴望獨立的空間。因而，我們不能將融合視為絕對正確的東西，那樣會有將愛變成吞併另一個人的危險，並勢必會導致對方渴望逃離。

這是一個女王統治著的城市

夢者

田先生，二十九歲，白領，單身。

他先給我發了電子郵件，談到了他的夢，後來又接受了我的電話採訪。

夢境

夢的一開始，一個聲音說，這是一個女王統治著的城市。不過，夢中這個城市有高樓大廈，有擁擠的車流，有地鐵和網路，顯然是一個現代城市。

夢的主角是個女孩，約二十五、六歲的樣子，我不認識她，我也沒有出現在夢境中。好像是早晨傳來騷亂的訊息，據說是所有外國人都要被趕出這個城市。她匆匆地從家裡跑出，當時只穿著一條內褲，但她不是要逃跑，而是滿腔憤怒地要去討個公道。她說她不是搗亂的人。

城市很亂，她跑上一座高架橋，此時的她已經莫名其妙地穿戴整齊了，一副職業女性的樣子。這時，一輛破舊的汽車駛過來，司機是一名年輕人，約三十歲，旁邊坐著一個禿頂的老男人，約五十歲。他們我都不認識。

女孩攔車，禿頂男人問她：「你是叛亂分子嗎？」

「不！我不是！」她斬釘截鐵地說。

禿頂男人讓司機停車，讓女孩上來。就在女孩要上車的時候，突然，她的一條腿疼得厲害，一個旁白的聲音說，有人在她的腿裡放了儀器，現在是透過遙控儀器來傷害她的腿。但她掙扎著上了車。

後來，車開到了一個大廳，禿頂男人滔滔不絕地用外文演講，不知道講的是什麼外語。女孩做他的翻譯，用的是英語。

就在這時候，我突然醒了過來。

分析

田先生的來信談到了他的夢，並希望我能幫他解夢。隨後，我對田先生做了電話採訪。在採訪中，盡量本著「做夢人是最好的解夢人」的原則，我先讓田先生自己進行聯想，對夢的一些細節進行分析。

解夢的第一個突破點出現在女孩的腿受了傷。我讓田先生不必拘泥於「遙控」這些過程，而只聯想結果——他認識的女孩裡，誰的腿受過傷。他一下子想起來，是他以前的女朋友，兩年前分手了。

他說，他雖然很喜歡前女友，兩人在一起也很有默契。但是，他一直認為自己不夠愛她，因為他幾乎從來沒有夢過她。

而這個夢，無疑否定了他的這一想法。他的前女友，小時候左膝蓋下方做過手術，而夢裡的女孩，也是左腿受傷，而且受傷的位置和前女友的手術切口是同一個位置。

分析清楚這一點後，其他的細節很快就都清楚了。女孩只穿著內褲就跑出去找公道，反映的是一件真實的事情：三年前，他帶女友回農村老家，一天，他早早出門辦事。結果，家裡闖進來幾個小夥子，險些掀開正在熟睡的女友的被子（他們家鄉有這種陋習）。後來，他們被罵走，但女友仍然非常憤怒。她讓田先生去找他們算帳，但田先生覺得事情過去了就算了，沒有答應。結果，女友自己找到他們，並搧了其中一個人兩耳光。

從這件事開始，帶女友回家就演變成了災難。女友後來不斷生他的氣，最終惹得他母親非常不滿。此外，女友也做了兩件不當的事，雖然是小事，但田先生非常介意。再加上後來發生的一些不愉快，從家裡回到廣州後沒多久，他和女友就分手了。

田先生覺得，禿頂男人和司機，應該分別代表著他的父親和哥哥。雖然相貌不像，他父親胖，夢裡的男人瘦，但兩人禿頂的樣子很像。夢裡的司機，和他哥哥的年齡相仿。

夢中，禿頂男人和司機讓女孩上車。現實中，當女友在家裡製造了一些不愉快時，田先生的母親非常不滿，但他的父親和哥哥對她還是非常寬容，沒覺得這些事情值得在乎。

最後一個細節——禿頂男人在大廳裡用不是英文的外語演講，女孩用英文進行翻譯，這也有其現實意義。田先生最近剛剛知道，前女友要去德國，而且是作為她老闆的英文翻譯。

夢到了這個時候，就已經不再是以前的那些含義，於是採訪也就結束了。不過有趣的是，一直談到最後，田先生還是不明白，為什麼夢的地點是一個女王統治著的城市。

這其實很顯而易見了，城市就代表著他的家，女王就是他的母親；而他的母親是家裡的主宰，也正是她對他前女友最不滿。

田先生之所以在採訪中無法明白這一點，只是他不想明白而已。

周潤發給我遞紙條

夢者

Anna，女，約三十歲，剛剛離異。

夢境

一、在一個火車站，我遇到了前夫，他興高采烈地邀請我去他的新家。我去了，他的家原來就在火車上，非常糟糕的地方。他所有的只是一個座位罷了，周圍全是「盲流」（指從農村遷徙到城市的人），臭味熏天，亂七八糟，實在是再糟糕不過的地方。

我問他過得怎麼樣，他很興奮地說，非常開心。他這樣說，我感覺到了羞辱。原來，他寧願住在這麼差的地方，也不願跟我回去。

二、我和王菲、安潔莉娜‧裘莉、瑪丹娜走在一起，後面跟著數不清的記者，照相機的快門聲響個不停，被人關注的感覺真好。是的，我知道，她們三人是付出了一些代價，但相較於這麼大的名聲，這個代價是很小的。

三、在一個滿是名流的宴會上，周潤發走到我身邊，和我搭訕了幾句，偷偷地往我手裡塞了一張紙條，然後轉身離開了。我看了，紙條上是他的電話。這真令人反感，這個看起來道貌岸然的傢伙，原來也是一肚子花花腸子。

分析

Anna是一位堪稱耀眼的女子，是大美女，也極其能幹。不過，這種外在條件的卓越並不能保證她婚姻生活的幸福。後來，前夫堅決與她離婚，之後兩個月內，她做了這三個夢。

第一個夢中，被羞辱感是主題，而這也是離婚帶給她的主要感受之一。

Anna與前夫的關係，類似媽媽與兒子的關係。儘管他比她年紀大，但她遠比他能幹，而且也特別善於持家，於是無論是家裡家外，都是她作主，她操辦一切。

人們都不看好這種關係，畢竟大家更習慣「大男人」與「小女子」的關係模式。有調查也顯示，如果丈夫的收入是妻子的兩倍左右，這種婚姻關係是最穩定的。有人也給Anna敲過警鐘，不過Anna享受這種照顧者的角色，而丈夫也喜歡扮演這種被照顧者的角色，所以兩人對老生常談的說法都不屑一顧。

到二〇〇七年，他們結婚三年，除了沒有孩子，似乎一切都在朝著很好的方向發展。Anna的事業愈做愈好，而丈夫的事業，Anna也全給規劃好了。她深信，只要丈夫按照她的規劃一步一步地前進，也一定會有很好的結果。

不料，二〇〇七年的秋天，丈夫突然提出離婚，說他受夠了什麼都要聽她的、什麼都被她掌控的生活。

丈夫剛這麼說時，Anna死活不敢相信，因為她覺得，他怎麼敢離開她，他離開她又怎麼生活？有人說，滿足男人的胃就會留住男人，她做的飯菜可是第一流的。再說，錢主要是她掙的，家也是她打理的，而且她現在看上去仍然是那麼漂亮迷人，似乎歲月並沒有在她身上留下什麼痕跡……

總之，她可以說「出得廳堂，入得廚房」，而他那麼依賴她，怎麼可能會捨得離開她？而且據她了解，他並沒有什麼外遇，他的周圍也絕對沒有可以和她相提並論的女子。

因為不相信他真的會離開她，於是她半開玩笑說，離就離，但房子和存款都歸她，他未來數年的收入也得分一部分給她，以彌補她多年來對他的照顧。沒想到，他居然全答應了。他也認為，自己對不起她，該回報她多年來的付出。

Anna沒想到會是這個結局，她有些恍神，但同時又非常憤怒，覺得自己這麼多年的心血白費了。她對他這麼好，沒想到他居然不領情，還好像她的付出傷害了他一樣。

離就離，誰怕誰，Anna想，你在我的生活中就是一個零，我什麼都不需要你，沒有你我會過得更好，而你離開我會很慘。

就這樣，兩人離了婚。儘管Anna知道自己其實根本不需要他的錢，也知道他遠不如自己能幹，但出於憤怒，她還是堅持了先前的條件。他似乎也覺得理當如此，所以兩手空空地離開了這個一直讓他過著錦衣玉食生活的家。

的確，從物質上，Anna是不需要他。但離婚以後，Anna很快發現，她在情感上很依賴他，沒有了這個「兒子」，她非常孤獨、非常痛苦。由此，她特別渴望了解，沒有她之後他過得怎麼樣。其實她心裡還是隱隱覺得，沒有了她這個「超級媽媽」，他這個人怎麼能活得下去。

沒想到，她發現，沒有了她，他似乎過得很開心。儘管顯得滿臉鬍碴，而且衣著也有點凌亂，但他臉上露出的那種快樂和輕鬆，的確是以前和她在一起的時候所沒有的。這個發現，讓Anna有了崩潰感，她覺得自己彷彿被某種東西給撕裂了，撕成一塊又一塊的碎片，然後拋到虛空中，消失了。

從這個夢中醒來時，除了夢中的被羞辱感，Anna還有一種虛無感。她開始想：我這個人到底有什麼價值？

顯然，因為發現前夫離開她可以更快樂，Anna的價值感被顛覆了。

可以說，Anna是那種控制欲非常強的女子，典型的「女強人」。在親密關係中，她總是在不斷付出，而這正是她獲得價值的源泉。她內心深處相信，當她在付出時，她便是好的、有價值的；當她索取時，她便是壞的、沒有價值的。由此，她更容易愛上依賴型的弱男子，因為只有這樣的男子才需要她不斷付出，才能滿足她的價值感。

控制欲強的人還相信，依賴型的愛人離開他便活不下去。這也是Anna的想法，她一直認為，前夫這麼依賴她，他絕對離不開她，如果離開了，他會活不下去。

但事實告訴她不是這麼回事。前夫離開她後，儘管生活條件一落千丈，卻很開心。這種發現令Anna非常不舒服，她不願意接受這一事實，並在意識上排斥這個事實。這時，第一個夢便出現了，這個夢強而有力地告訴她，這是真的，他的確寧願過流浪漢一般自由、快樂的生活，也不願意和她在一起過壓抑的錦衣玉食般的生活。

於是，Anna「從付出中獲得價值」的價值觀徹底被顛覆了。這時，Anna生出了新的願望：既然做照顧者的角色那麼累，那乾脆找一個男強人來照顧她算了，由她去做依賴者。

這個願望生出後，Anna真的開始這樣尋找。實際上，她認識的男強人非常多，找到這樣一個人並不算太難。

隨即，第二個夢和第三個夢出現了。

因外形出眾，Anna一直夢想成為影星，而王菲、安潔莉娜・裘莉和瑪丹娜則是她的偶像。她認為，這三位女明星和她有些像，都是極有主見、極有操控欲望，而不會隨波逐流的人。

關於第三個夢，我問Anna喜不喜歡周潤發。她回答說，一直以來都不喜歡。所以，即便現實生活中真遇到周潤發，他真的給她塞了紙條，她也不會開心。

為什麼不喜歡周潤發？理由很簡單，Anna認為，周潤發過於溫情。相比之下，她喜歡的男影星，要麼是鐵石心腸的男人，要麼便是奶油小生。

她說到這裡，我笑了，對她總結說：「你的前夫是奶油小生，依賴於你。他讓你受傷，而你想找一個與他截然相反的鐵石心腸的男強人，你想依賴他。但夢告訴你，最好折衷一下，找個中間型的男人。」

聽我這麼說，她沉思了很久。我繼續解釋說，其實無論是找一個依賴型的男人，還是控制型的男人，她建立的兩種親密關係都是同一個模式——一個「超級控制者」和一個「超級依賴者」。儘管她扮演的角色乍看是截然相反的，但這個關係模式卻是一模一樣的。

也就是說，關鍵問題不是該做控制者，還是該做依賴者，而是她內心深處所渴望的親密關係模式大有問題，其中一方對另一方的控制欲望太強了。有時，這種控制意味著巨大的付出，而依賴一方會享受這一點，但時間一長，依賴一方就會有窒息感，渴望逃離這段關係。如果Anna真的找了一個超級控制型的男人，那麼她大概也會和前夫一樣，最終想逃離這種關係，而且會為了自由而寧願捨棄一切。

這是一個輪迴，也是大多數愛情的祕密。如果認真觀察，你會發現，多數人喜歡的就是兩個類型，要麼是「超級控制者」，要麼是「超級依賴者」。

Part 6

夢見工作不順

勇於接納自己的不完美

公司變成屠宰場

夢者

阿城（化名），男，三十一歲，某私營企業銷售部總經理。

夢境

到了公司，遇見董事長A，和她一起搭電梯去辦公室。她按了十二樓，我納悶，辦公室不是在三樓嗎？怎麼要去十二樓？但她的態度那麼堅定，肯定不會錯了，我就跟著她一起上。

電梯有點奇怪，一邊平穩一邊傾斜，A站在平穩的地方，很是威嚴。我站在傾斜的一邊，非常吃力，得用手牢牢抓住電梯的一個縫隙，才能保證自己不掉下去。

十二樓到了，我一看就知道，這的確是我的辦公室。但奇怪的是，那張透著現代化氣息的桌子不見了，變成一個古舊的、老式的錢櫃，錢櫃後面站著公司的總機，她背後則是一個神龕，好像供著什麼神，我沒看清楚。

跟著A進了辦公室，布局什麼的沒有改變，但陰暗、冰冷、潮濕，地板黏黏的，還有些腥味。接著，我打開另一扇門，去檢查下屬的工作。這時，我看到一間很大的辦公室裡，有一排排鉤子，上面掛著被屠宰的豬，而我的同事們都是屠夫的樣子。

我還注意到，我腳下都是髒髒的血水，我反胃，有嘔吐的感覺，心中一個聲音對自己說：「這不是我應該待的地方。」

分 析

這個夢具有象徵意義，明白這一點，就很容易理解這個夢了。

辦公室本來在三樓，夢裡卻說在十二樓，這象徵著阿城的「晉升」。以前，阿城在多家公司做過普通的銷售經理，但做銷售部總經理，卻是頭一遭，並且新應聘的這家公司，比他以前待過的幾家公司規模都要大。他本來也是衝著普通的銷售部經理去應聘的，沒想到，這家公司想招的卻是銷售部總經理。他過五關、斬六將，拚掉了好多競爭對手，才應聘上這個職位。

這是個驚喜，但阿城也因此惴惴不安，在接受我電話採訪時說，他經常擔心董事長發現他的底細後，會把他開除，「A是說一不二的人，而且在公司裡有絕對的權威。」

這種擔憂，在夢中就用象徵的手法表達：他在電梯傾斜的一方隨時都要掉下去，而A則穩穩地、有威嚴地站在他面前。

神龕＝個人崇拜

錢櫃和神龕是什麼意思呢？

神龕很簡單，就是個人崇拜。阿城說，這是一家私營企業，董事長A也是老闆，是絕對的女強人，控制欲非常強，尤其不能容忍下屬挑戰她的權威。「她的確跟神仙似的，總是高高在上，讓我們覺得她離我們非常遙遠，我們無法接近她，也害怕接近她。她雖然常說，希望我們把她當成平常同事來看，但據我觀察，她還是非常喜歡這個位置，超級權威，根本沒人敢挑戰她的任何意見。」

錢櫃也是類似的意思。其實，這家公司的辦公室裝潢是非常現代化的，但夢裡卻變得古舊起來。阿城領悟到：「這可能象徵著公司的企業文化吧，老闆信誓旦旦地表示，她要花巨大的努力讓公司的管理現代化，但其實還是家族管理那一套，都是家長作風，根本談不上什麼現代化管理。」

陰暗、冰冷、潮濕……夢裡的這種感受，都是他對公司辦公室氣氛非常實在的反應。

「我們的辦公室其實寬敞、明亮，但氣氛非常壓抑，A經常來視察工作，非常在意我們是不是百分之百地在努力工作。如果她看到我們用公司電腦做私人的事情，譬如查私人電子郵件，或者在線上聊天，會非常生氣，有時會忍不住訓斥我們。」阿城說，「如果連續兩天被她發現，那麼你就可以走人了。」

並且，不只A這麼做，那些想討好A的中階主管也會偷偷地監督別人，而且會跟A打小報告，「打小報告是公司的習慣，她非常喜歡這種方式。」

公司的確曾是「屠宰場」

此外，阿城前幾天透過將要辭職的員工才知道，原來這家公司以前是靠傳銷起家的。說到這裡，他忽然恍然大悟，對我說：「夢裡，公司成了屠宰場，是不是就是這個意思呢？」是的，這是再明顯不過的象徵性的表達。阿城認為，傳銷是很「髒」的手法。他知道公司的這個底細後，一方面對公司很失望，另一方面又擔心，作為銷售部總經理，他說不定也要被A強迫接受一些傳銷的手法，以推廣公司產品。

夢裡，他情緒最強烈的時候，就是看到辦公室裡面滿地血汙，而同事都是屠夫的打扮。這個時候，他心裡有一個強烈的聲音對自己說：「這不是我應該待的地方。」這正是阿城壓抑下去的心聲。

雖然既反感公司做過傳銷，又不喜歡公司文化，還擔心董事長看出自己的底細將自己開除，但這畢竟是他第一次擔任一間大公司的銷售部總經理，所以他決定在這家公司做下去，而且命令自己不要再去理會公司的歷史，畢竟公司現在不再做傳銷了。透過這種命令，他將自己對公司的反感壓抑了下去，但是，他的真實感受並不會因為他這樣做而消失，它仍然存在於其潛意識之中，並透過象徵的方式在夢中表達了出來。

這也是夢的一種平衡機制。透過這種方式，他宣洩了對公司的不滿，這樣白天上班的時候，對公司的負面情緒就少了很多，這可以幫助他融入公司。

韓國明星掉下懸崖

夢者

馬先生，約四十五歲，私人企業老總。

夢境

我走在一條彎曲的小路上，路兩邊是大山。左邊有韓國明星的宣傳照，右邊則有很多牌子，上面寫滿了韓文。

翻過一座山坡後，我看到路邊有一間小房子，走近一看是一個小賣部。小賣部後面有一座石拱橋，只是一座光禿禿的石拱橋，沒有流水。石拱橋後面則是陡峭的懸崖。

一男一女兩個韓國明星站在石拱橋上，讓我給他們拍合照，我一按快門，他們就突然掉下懸崖，不見了。我拿開相機，看到他們又站到了石拱橋上。我再低下頭來，一按快門，他們又掉下懸崖，不見了。等我拿開相機，他們又出現在石拱橋上。

分析

顯然，韓國是這個夢中的關鍵資訊，有韓國文字、韓國明星和韓國明星的宣傳照。那麼，韓國意味著什麼呢？

一次聚會上，在馬先生將這個夢講述給我聽後，我請他自然聯想，看他從關於韓國的這些資訊中，會想到什麼。一開始，他覺得很納悶，因為韓國似乎不能讓他想起什麼，他從不看韓劇，且年齡大了，更不哈韓，怎麼夢中會有這麼多韓國資訊呢？

哦，這是你的一個判斷，這很好，我說，但不要被這個判斷阻斷聯想。「你試著不管這個判斷，看看『韓國』能讓你想到什麼。」他靜了一會兒，說想到了一個韓國企業家，他很欽佩這個企業家，因為他非常善於做行銷。

一個韓國企業家，非常善於做行銷，這是很有用的資訊。我說，那麼請繼續想下去，看看你腦子裡還會冒出什麼東西來。他又想了想，說，雖然沒怎麼看過韓劇，但有一種感覺，覺得韓劇挺炫也挺假的，一點小事都弄得很誇張……

我說，一點小事都弄得很誇張，這是第二個聯想的核心資訊了，而這與第一個聯想的核心資訊「行銷」其實有類似之處，是嗎？都是誇大一個事物本來所具備的價值，把它賣到一個更好、更高的價格。

對此，他點了好幾下頭，表示認可。不過，當我請他繼續聯想的時候，他花了好一會兒時間也聯想不出更多的資訊了。

他正在走一條艱難的路

那麼我們來看夢中的其他資訊吧。夢裡的山路，經常象徵著人生旅途。

「這條山路會讓你想到什麼嗎？」我問他。

這很簡單，他回答說，小時候，大概是四歲到十歲的時候，他經常在大人的帶領下，走過一條二十公里長的山路，去找在外面工作的媽媽。夢中的山路就是這條路。

一個十歲不到的孩子，要走二十公里的山路，這明顯是一條較艱難的路了。對此，他表示認同。同時，他補充說，每次最後都能找到媽媽，所以他想起這條山路雖覺得艱難，但沒有什麼畏懼或恐慌。這意味著，他要在生命中走一條人生之旅，雖然有些艱難，但他最後應該能實現目標，起碼他對此深具信心。

我問他，最近有什麼重要的決定嗎？尤其，你決定踏上一條任務艱鉅的旅程了嗎？他毫不猶豫地點了點頭，說，他剛在工作上做了個重要決定，決心將公司發展成所在領域的第一名。

對於現在的他而言，這就相當於一個十歲不到的孩子要去走一條二十公里長的山路——艱難，但應該可以實現。所以，我祝福他，說，根據你的夢，我相信你會實現這個目標，就猶如你在孩童時，會走過漫長的山路，最後找到你的媽媽。

合作夥伴＝山路上的「豹」？

這也是我們很多人生之旅的含義。我們設定一些目標，希望實現它，但為什麼要實現它呢？童年時，這樣的旅途是為了得到媽媽的愛與認可，而現在，則是為了得到一個抽象的「內在媽媽」的愛與認可。很多時候則體現為，想獲得重要的親人，譬如愛人和孩子，以及其他一些人的愛與認可。只是，在這個旅途上不要迷路，不要只想著看得見的目標——成功，而忘了我們渴求成功，是為了在一些關係中得到認可。

這些說法對他有了一些觸動。他說，他明白了家庭的重要性。說著這些的時候，他突然說，那條山路有時會發生意外，譬如有時候會有豹出沒。

夢中的韓國人會是你工作之旅上的「豹」嗎？我問他。

他愣了一下。這時，我再問他，做這個夢的時候，你遇到了什麼人嗎？是不是為了完成你的工作目標，你當時正在找合作夥伴？

這個問題令他沉思了很久，回過神後，他說，剛才他回想了起來，在做這個夢的前兩天，有兩個人，也恰是一男一女想和他合作，並且遊說他說他們也是行銷高手。

「哦，你是行銷高手，他們也是行銷高手。這麼一來，你事業的重要人員都是行銷高手，看來你的公司很快適合演韓劇了。」我半諷刺半開玩笑地說。

接下來，根據我對他公司的了解，我說，在我看來，你的公司需要的是實力，是踏踏實實的東西。你要尋找的合作夥伴，是能夠提升你公司實力的人，而不是幫著你這個行銷高手把本來一塊錢的東西賣到更高的價錢。

是的，他在尋找合作夥伴，但他的合作夥伴，不過是小賣部的主人，另一個財產則是一座光禿禿的石拱橋。這尚且罷了，更要命的是，那個照相的環節顯示，他們好像不存在，他們自己都是假的，是相機都不能捕捉到的人。

我問他，這樣的人，會不會是你工作之旅上出沒的「豹」呢？

這番話讓他沉思了更久。最後，他表示感謝，說我幫他搞清楚了一件很重要的事情，他知道該怎麼辦了。我說，你更應該感謝的是你的潛意識，而你需要做的也是尊重你的潛意識。

非常有意思的是，第二天，他很興奮地打電話給我，說他又見到了那兩個想和他合作的人，這次他注意到，他們拿的皮包上有韓文，而其中那位男士還穿了上次見他時的衣服，衣服上也有韓文的名牌。以前他從未留意到這些，但他的潛意識留意到了，並透過夢表達了出來。

看來，每當有重要決定時，聆聽一下夢的表達是至關重要的。

我的車丟了

夢者

魯先生，男，約四十五歲，擁有兩家公司。

夢境

我的別克車丟了。原因不清楚，好像不是被別人偷走，而只是不再屬於我，不是我開了。丟了愛車，我的情緒反應並不強烈，只是隱約在想，丟了就丟了，大不了再買一輛。不過多少還是有一點焦慮，但比較輕微。最後，車被找回來了。

這樣的夢，最近一段時間以來，我做過五、六次。

分析

魯先生在講述這個夢時，語氣很自然，而且臉上的神情波瀾不驚，好像即便真的丟了那輛價值二十多萬人民幣的車，他也不怎麼在乎。而現實生活中，他也真的有一輛別克車。

「第一次做這樣的夢，是什麼時候？」我問他。

「半年前吧。」他回答說。

「那時，發生過什麼重要的事情？」我問。

「哦……我開了一家新公司。」

「開了一家新公司……那以前的那家公司呢，你怎麼打理？」

「打理得少了，時間和精力上忙不過來。」他說。

「打理得少了，會有什麼感受？」我追問。

「哦，有點不放心的感覺。」

「這種感覺，和你夢裡丟車的感覺，像不像？」

「像極了！」他回答說，「對，和夢裡丟車後的感覺簡直一模一樣。有點不放心，但這種感覺又不強烈，並且我是這樣想的，就算最後真失去了控制也沒關係，大不了再開一家公司……」

真相大白。原來，夢中的車只是一個象徵，象徵著魯先生的第一家公司。

這個象徵是很有道理的。第一，這輛別克車是魯先生開第一家公司時買的，它們從時間上有著明確的聯繫。

第二，車與控制感有關。開公司追求出人頭地，常常也與控制感有關。我們每個人都有一定的控制欲，而車，尤其是轎車，是最能夠滿足我們控制欲的工具之一。因為轎車極容易被操控，彷彿可以完全順著主人的意志，你讓它向東，它不會向西；你讓它快，它就快；你令它慢，它就慢。

並且，一輛性能強勁的轎車，其速度、靈活度和耐力遠遠超過了我們的肉身。由此，擁有一輛性能不錯的轎車，你會感覺自己變得更強壯、更有魅力，甚至偶爾還會有無所不能的感覺。因而，轎車常被形容為「夢中情人」。所謂的「夢中情人」，其實就是我們頭腦中所幻化出來的一個理想情人。更關鍵的是，這個理想情人不僅優秀，而且會徹底聽命於你。

不過，真正的「夢中情人」是很難找到的。在現實版的情人身上，你一定會發現，他／她不是你所想像的那樣，他／她一定是另外一個人，並且一定有自己的思想、自己的判斷，而不會完全按照你的想像去行動。

這是一個事實。對於控制欲低的人，這個事實不難接受。但對於控制欲比較高的人，這個事實就難以接受，於是他們常常在發現情人與自己的想像不匹配時，去找新的情人。

想操控一個人，是相當難的，但操控一輛轎車，就比較容易。從這一點而言，操控一家公司和操控一輛車，有著同樣的心理機制。所以，魯先生夢中的汽車，和他現實中的公司，會喚起他同樣的感受。

控制欲來源於安全感低

控制欲從何而來？為什麼有的人控制欲特別強，而有的人控制欲很一般呢？

我以為，控制欲的另一面，就是安全感。控制欲強的人，心中的安全感比較低，而安全感比較高的人，控制欲比較低。

安全感的形成，與童年獲得的愛有關。獲得的愛比較多，而且還是無條件的愛，那麼一個幼小的孩子就會對「我有價值」這一點深信不疑，安全感就此形成。反過來說，一個孩子如果獲得的愛比較少，而且還常常是有條件的愛，那麼這個孩子的心就會很緊張，安全感就會偏低。

安全感偏低，就會有自卑感。有自卑感，可能就會渴望出人頭地，就會渴望超越自卑。出人頭地的方式有很多種，而在商業社會，比較常見的就是開公司掙大錢，用錢來證明自我價值感。這是很多老闆開公司的原始動力，他們會把幾乎所有精力放到經營公司上。

控制欲過強的老闆，會令下屬不舒服。許多老闆懂得這一點。所以，當自我價值感得到充分證實後，他們會學習放權，少控制員工，少事必躬親。

魯先生就是這樣做的。他說，他的兄弟姊妹比較多，而他不算受寵，所以他從小就不喜歡做農活，而渴望出人頭地。並且，在開了第一家公司之後，他也的確喜歡那種指揮若定、一切都在自己掌控之中的感覺。不過，他喜歡心理學，一直在反省自己，逐漸發現自己內心深處藏著的一些自卑。發現這些自卑之後，他感覺自己更能尊重別人，也更能對下屬放權。

請相信你的下屬

這是很好的相處之道。

假若一個老闆事必躬親，他內在的邏輯其實是「我行，你不行」，他只信任自己，而不能信任別人。長此以往，公司最後可能會發展到這樣一個境地——只有老闆行，其他人都不行。更好的與下屬相處之道是「我行，你也行」。不僅有自信，而且信任下屬，能給下屬一個獨立的權力空間，令他們可以自由發揮；只要他們不犯嚴重錯誤，就不干涉他們。這樣發展下去，他的公司最後就會發展到一個理想境地——老闆很棒，員工也一樣是精兵強將。

魯先生說，他看到了自己內心深處的自卑後，也立即領悟到，自己不少時候對別人也不夠信任。所以，他會做一些努力，要求自己更信任別人，尤其是第一家公司的下屬。

這樣做自然很好。只是，他的潛意識深處的不安全感還會作祟，他比較強的控制欲也常常會被喚起。所以，現實生活中，當這種擔憂出現時，他會開導自己不要亂干涉；在夢中，他則會開導自己，就算真丟了也沒關係，大不了再買一輛。

夢的結果則告訴他，他不必再買一輛，因為，他的車並沒有丟。這也是在告訴他，儘管他對第一家公司的控制少了，但它仍然是他的。

廁所髒極了

夢者

Anny，女，三十六歲，外商員工。

夢境

我和同事一起去上廁所，廁所髒極了，我說不能用，同事說可以、沒問題，她還在蹲位上躺下來向我示範。

分析

許多人都夢見過骯髒得不堪忍受的廁所，對於這一類夢，佛洛伊德的經典精神分析是，這反映了我們對於欲望和享受的態度。

上廁所怎麼能和欲望與享受聯繫在一起呢？依照佛洛伊德的解釋，一歲半前的孩子處在「口腔期」，一歲半至三歲歲的孩子則處於「肛門期」。

所謂「口腔期」，即這一階段的孩子的口部特別敏感，他們能從口部的活動中獲得極大的滿足感，所以會執著於口部活動，譬如什麼都要咬一咬或吮吸一下。義大利的幼兒教育專家蒙特梭利則認為，這一階段的孩子是在用無比敏感的嘴部來探索世界，例如他會用牙齒咬一下硬幣，並不是想把硬幣吞下去，只是想用牙齒和嘴唇來感受硬幣的質感。

很多父母會覺得，孩子隨便咬、叼或吮吸東西實在太髒了，所以會限制孩子，但這反而會讓孩子固著在這一行為上。孩子要麼是嘴部一點感受都沒有，因為防禦感太強了，不敢再去這麼做；要麼是特別喜歡咬東西，譬如咬指甲等，這是在滿足沒有被滿足的需要。

所謂「肛門期」，即這一階段的孩子，肛門周圍部位的神經非常敏感，孩子會從排大小便的行為中獲得快感。

很自然地，父母會對孩子的排大小便行為進行訓練，但如果訓練太嚴格，就會讓孩子形成一種認知——排大小便是非常骯髒的，而它帶來的快感也是非常骯髒的。這種認知更進一步，就會發展成——一切欲望和快樂都是骯髒的，都是特別需要節制的。

如果了解了Anny做這種夢的背景，我們會明白，她的廁所夢典型地反映了這樣一種認知——她的欲求是非常骯髒的。

Anny說，她多年來經常做髒廁所的夢。一年前，這種夢變得特別頻繁，夢境也特別清晰，帶來的情緒也格外難受。她講述的這個夢，正是最近這一系列夢的開始。

我問她，做這個夢的那一天發生了什麼事？

她回答說，當時他們部門籌備了一次旅遊，途中幾個常和她在一起的同事屢屢講起公司內職位升遷的事。講到這裡，她突然想起什麼似的補充說，最近這一年來，她每次做髒廁所的夢都是夢見和同事一起找廁所。

這是一個很關鍵的細節。我馬上明白了這個夢的含義，不過我還是要問她：「你怎麼看待這類夢的含義？」

她有點困惑地問，是不是這個夢在暗示或預示，她或她的親人身體出問題了？因為她父親最近生了一場大病，這讓她懷疑這個夢是在預示父親的處境。她也感到很內疚，如果她早點明白這類夢的含義，那麼她就可以更好地幫父親治病了。

不過她懷疑自己的解釋並不正確，因為父親的病已經好了，而這類夢還在繼續。關鍵是，這類夢中從來沒有出現過她的親人，出現的都是同事，而且都是女同事。

我對Anny有一定的了解，我知道最近一年來，有件事一直困擾著她——就是她的升遷問題。她的工作能力有口皆碑，也非常勤勞，且從來不製造麻煩，但長久以來，升遷一直沒有她的份。更過分的是，數月前公司有一次工作調動，把她從一個很重要的崗位平調到了一個不重要的崗位上。並且，她是調動決定做出後才知道，之前主管和同事一直瞞著她。

非常有意思的是，一個夢讓她明白，主管和同事看似在害她，其實是在幫她。夢中，她上了一輛公車，車上全是主管和同事。車上有兩種座位，一種是大椅子，一種是小板凳，大椅子都被人占去了，她只能坐小板凳。這讓她很是不滿。但奇怪的是，當她坐上小板凳後，覺得非常舒服，心裡還湧出一句話——「這就是我想要的座位」。

這個夢的寓意和感受是如此清晰，令她醒來後一瞬間明白，坐在小板凳——亦即不重要的崗位上——正是她的渴望。明白這一點後，她對主管和同事的不滿消失了。

如果說，這個夢讓她明白自己為什麼追求被調到不重要的崗位上，那麼髒廁所的夢就是在告訴她，她為什麼不去占據高位。因為她潛意識中認為，占重要位置的欲望是非常骯髒的。

如果把公車視為廁所，而將蹲位視為座位，這兩個夢其實是同一回事。

在我看來，髒廁所的夢還有另一種解釋，這也涉及排便的深層寓意。說起來，排便似乎是一種齷齪事，但這種齷齪事，卻是和另一件看起來光明正大的事密切聯繫的，那就是攝取食物。我們古老的傳說中有一種動物叫貔貅，這種動物只有嘴而沒有肛門，所以牠被視為聚財的象徵。但事實上，假若一種生靈只吃東西而不排便，牠很快會死去。真正健康、平衡而靈活的是，在吃東西上沒有障礙，在排便上也沒有障礙。或者說，在吃東西時能有享受的感覺，在排便時也覺得暢快。

這兩者是緊密關聯的。如果一個人在排便上沒有障礙，他在收穫或索取上也會沒有什麼障礙。而假若一個人在排便上有障礙，那麼他在尋求外界資源上也會有障礙。

徹底反過來看，假若一個人在對待外界資源的態度上大有問題，那麼可以推論，他在排便上也會有問題。譬如，如果你遇到守財奴或吝嗇鬼，那麼可以大致推斷，這個人可能真如貔貅一樣，有便祕的問題。

Anny不是吝嗇鬼，她在給予別人幫助上沒有太大問題，她的問題是，她不能索取。或者說，她不能為自己爭取利益。她認為，為自己爭取利益的欲望是很骯髒的行為。

不能為自己爭取利益，也就是不能去暢快地索取「食物」——外界資源。而之所以不能這樣索取，可能是因為小時候過於嚴格的排便訓練或家庭作風，令她認為欲望不是好東西，是非常髒的，必須節制甚至禁止。

一年前，和同事一起談論公司升遷的問題，可能激發了她的野心，但她的潛意識立即對此發出了一道禁令——野心是髒東西。因而，她做了髒廁所的夢。

一年來，她做的有關髒廁所的夢，總是和女同事有關，這種寓意再清晰不過了。

有個不容忽視的細節是，女同事甚至躺在蹲位上向她示範，廁所是可以使用的。這可能反映了Anny一個下意識的念頭——女人要上高位，很可能就要透過性的途徑。因為排大小便是和生殖器息息相關的，所以髒廁所夢有個很常見的寓意是，性是骯髒的。

Anny說，她有時暗自想，那些升遷的女同事是不是用了什麼不光明正大的方法，不過這時她又會立即譴責自己不該瞎猜測別人。

談話過程中，Anny還談到，她欣賞「無欲則剛」的人生哲學。真正的無欲則剛，是看破了欲望的局限，但Anny的無欲則剛，是將「欲」視為髒東西而不要，這是有很大的差異的。

談到最後，我問Anny想改變對欲望的態度嗎？她說，不，不想，「我只想知道，髒廁所的夢是不是暗示我或親人的身體出了問題，如果沒出問題我就放心了。」

我說，那你暫時可以放心，這個夢應該沒有這個寓意。

如果一個人認為自己這樣很好，那麼心理師就不必非得引導對方改變。催眠大師艾瑞克森給一名政客做治療，這名政客有偏頭痛，催眠中發現，他在為妻子偷情的事情頭疼，卻假裝對此不知情。艾瑞克森問，你想治好自己的偏頭痛嗎？這意味著，你得直視妻子偷情的事。他回答說，不想。因此，艾瑞克森沒有對他進行治療。

我們都有生活在特定狀態下的權力。

Part 7

覺醒夢

成長就是與自己的內心和解

恐怖分子在行動……

夢者

我自己，男。

夢境

有消息說，邊境上有一夥恐怖分子在行動。接著，夢的畫面轉到一座鬱鬱蔥蔥的山坡上，一群人站在樹叢中，遠遠地看到了這夥恐怖分子，都是些高高的、瘦瘦的、很結實的傢伙。一輛裝著軍火的汽車在前面開路，他們跟在後面，汽車和他們都正好走在白色的邊境線上。邊境線那一側是荒蕪的草原，這邊則是一個很陡的斜坡，斜坡下面是沒有植被的黃土地，綿延不絕一直到山坡上。

國境內似乎是安全的，但山坡上的人群對這一點沒有信心。有人抱怨說，政府為什麼不出動軍隊，滅掉這夥恐怖分子？另有人則說，政府也沒辦法，因為他們正好走在邊境線上，但對面的國家太不負責任，我懷疑這夥恐怖分子和對面的政府有牽連。

恐怖分子的隊伍繼續前行，慢慢地不再守在邊境線上了，有的恐怖分子不時跳下斜坡，闖進國境內，亂闖一通後再回到邊境線上。

接下來，我才出現。我和父親正好躲在緊挨著邊境線的斜坡下，分別藏在正好一人大小的土坑裡。恐怖分子離我們愈來愈近了，我們很恐懼，商量該怎麼辦。父親說，我們可以藏在土中，用土埋住自己的頭就可以了。我認為這樣不行，因為他們帶著狗，會嗅到我們的藏身地。

最後，在恐怖分子即將趕到前，父親決定藏在土坑中，用土蒙上了頭，而我突然跳起來，沒命地跑向靠近邊境線，一個最近的村落。

沒人追我，我順利地跑到這個村落。村落看起來不錯，都是灰白色的建築，有一些兩層的小樓房，路則是近一丈寬的水泥路。站在一條路的拐彎處，我停下來喘了幾口氣，覺得安全了，於是鬆了一口氣。

但我突然看到，這條路的一側走來一個強壯的傢伙，我感覺他肯定是潛入國內的恐怖分子，於是拔腿就跑。

在跑到十字路口時，我被兩個和剛才那個壯漢長得一模一樣的傢伙堵住了。那個壯漢也跟了上來，我束手就擒，發出一聲嘆息：「原來到處都有恐怖分子。」

這期間，這個看起來比較富裕的村莊安靜至極，沒有一點聲響，沒有人出來，只有我在孤獨地奔跑。

恐怖分子抓獲我後，立即摧毀了我的靈魂，然後訓練我做殺手。另兩個男人也遭遇到和我一樣的命運，被抓獲，並被摧毀靈魂。我們三個被關在幾座山丘之間的訓練營，接受無比殘酷的訓練。

訓練到一半的時候，一名女子也被抓來，她也要被訓練成殺手。我們三個男子雖然有不幸的遭遇，但好像都來自比較幸福的家庭，而這個女子好像一直都生活在痛苦中。

訓練的手法極其變態，絲毫不考慮我們肉體的痛苦。肉體太痛苦了，我們的靈魂逐漸復甦。我們渴望反抗，但在能力超過這幾個恐怖分子前，我們不敢。

那個女子沒有靈魂，身體也一直處於癱瘓狀態，因而她沒接受任何訓練。但我們都怕她、不敢接近她，她身上好像有一種殺氣，並且愈來愈重，她的身體逐漸變成了血紅色。

反抗的時刻終於來臨，我們三個男殺手相信自己夠厲害了，於是起來反抗。經過苦戰，將三個恐怖分子消滅。

這時，那個女子的身體突然開始緩慢地膨脹。這一幕很恐怖，一名男殺手喃喃自語說：

「我不喜歡她這樣。」

她的身體一開始膨脹得很慢，但速度愈來愈快。最後，突然膨脹成一座大山，塞滿了幾個山丘間的盆地。

這時，她發出淒厲的聲音，身體突然爆炸，黑紅的濃血像洪水一樣蔓延，像濃硫酸一樣侵蝕一切，所到之處都被淹沒，並化成黑色的廢墟。

她開始前行，目標是美國的國會，那裡正在慶祝。

三名男殺手已具有超人的力量，我們用盡全力疏散周圍的村落，其中一名殺手拚命地向美國政府發出呼籲，要政府構建大壩，擋住這濃血化成的死亡之海。

整個國家忙碌起來，無數的火車開到一處懸崖邊，然後由一名殺手將它們堆成一個大壩。不過，這個國家的人並不是特別恐懼，他們知道將大難臨頭，但還是一邊從容工作，一邊很幽默地說一些玩笑話。

她和她的死亡之海終於來到這個大壩前，她已摧毀了許多城市和村落，怨氣得到了些許平息，而與三名男殺手朝夕相處，也有了一些感情，她多少已有些不忍心繼續攻擊。

無數的人站在大壩上，看著她。突然間，一切的一切都沒有了聲音，出現了一瞬間的安寧。這時，大壩上的一個人問她：「你愛過誰嗎？」

她笑了笑，用喃喃自語似的聲音說：「我愛我叔叔。」

這句話說完後，她的身體轟然倒在血海中，而這龐大的血海也突然化作清水，沖向大壩。大壩下被沖出一個大洞，這些水像瀑布一樣向下湧走。

殺手不見了，大壩上的人群也不見了，怨氣沖天的血海變成了美麗的大海、瀑布，和一條流暢的河流。

分析

半夜裡，這個夢把我驚醒。夢中的情節雖然恐怖，但我感覺非常好，有一股熱量從我胸口向全身擴散。而這股熱量之所以產生，似乎是因為我心中鬱積已久的一些難受的東西被化解了。因為這種感覺，醒來那一刻，我明白對我而言，這是一個很重要的夢。

所以，我放鬆地保持著剛醒來的姿勢，一動不動（這很重要，身體一動，就會忘記夢的一些細節），回憶這個夢的細節，並體會這個夢給我留下的感覺。

就這樣大約過了十多分鐘，我感到自己理解了這個夢，而夢的關鍵細節也都記住了，於是舒展了一下身體，繼續睡去。

早上七點，我再次醒來，夢中的一切細節仍歷歷在目。我立即爬起來，打開電腦，記下了這個夢境。

做這個夢的前一天晚上，我有兩件比較重要的事，並有了重要的感悟，而這個夢帶我在這個感悟的方向上，走到了更深的境界。

第一件事是，和X有了一次深聊，講到了她混亂的感情生活。X是一個二十歲出頭，既年輕漂亮又才華橫溢的女孩，但短短幾年內已做過許多次的第三者。我最近和一個三十多歲的美女聊了幾次，她非常漂亮，但她也主動做了幾次第三者。這兩件事對我觸動很大：為什麼美女想做第三者？

第二件事是，最近一直在思考善與惡的問題。這天晚上產生了一個重要的感悟，覺得自己對善與惡的理解又深了很多。

惡是什麼？惡在哪裡？惡並非只是殺人凶手心中的殺機，也並非只是國際政治中的陰謀和權欲，而是藏在我們社會的每一個角落，藏在所有類型的關係中。它就是控制和征服，就是占有欲，就是將自己的欲望強加在別人的頭上。這一點，首先藏在我們內心中，然後展現在關係中。並且，最極端的體現往往是在親密關係中。

非善即惡是最簡單的善惡觀

最簡單的善惡觀是非此即彼的善惡觀，我們是善的，我們的敵人就一定是惡的，而且我們與他們之間有一個很明確的分界線。

但我這個夢從一開始就展示了一個比較複雜的善惡觀。身分不明的國民們看著邊境線上的恐怖分子發牢騷。國民象徵著善，而恐怖分子象徵著惡，一條明確的邊境線劃開了兩個國度。

但是，這並不意味著，我們這邊的國度是善，那邊的國度是惡。那邊的國度對恐怖分子有些縱容，這邊的國度也沒和恐怖分子作戰。恐怖分子聰明地走在邊境線上，並不能簡單地將恐怖分子劃分為與「我們」明確對立的「他們」。

夢中意象自然是我內心的反映，這個夢一開始的情境就反映了我自己內心的想法：我愈來愈明白，不能簡單地將惡與善視為對立。

如果我的夢境是那種鮮明的對立，邊境線的這一端是偉大的祖國，那一端是邪惡的敵人的國度，那意味著我的善惡觀尚處於「非善即惡」的幼稚階段，看起來是非分明，但其實是自己的內心處於尖銳的對立狀態中。一個有這樣善惡觀的人，會將他的內心投射到外面的世界，他一定要找到壞蛋，如果沒有壞蛋，他也要製造出壞蛋來，這樣他才能證明自己內心的預言是正確的。所以，有這樣善惡觀的人，常是殺戮心最重的人。

不過，儘管我不再將惡與善視為簡單的對立，但在我這整個夢中，一開始的善與惡的對立仍是明確的，恐怖分子和國民畢竟是兩個截然不同的群體，恐怖分子就是恐怖分子，國民就是國民。

接下來，這一景況逐漸發生了改變。

先是我和父親藏在邊境線的斜坡下的土坑裡。父親並非是現實的父親，而可以視為我的「內在的父親」，所以是我內心的一部分。並且，既然邊境線可視為善與惡的分界線，那麼我藏在這個分界線下，意味著我其實也離惡不遠，也處在善與惡的邊緣。

恐怖分子逐漸走近，我愈來愈恐懼。這時，「父親」決定把自己埋在土裡，這意味著他選擇逃避，不去認真地理會善與惡，而是自欺欺人地選擇鴕鳥政策。這是我的「內在的父親」的一種策略，也是我們這個社會常見的一種策略——埋起頭來做好人。

我拒絕這麼做，我決定逃離這個邊境線，奔向明確的善的地方。

我順利地逃到了國境內一個富裕的村落，看到恐怖分子並沒有跟來，於是我鬆了一口氣。這個富裕的村落可以說是一個標誌，象徵著明確的善的地方。

但是，恐怖分子再次出現，他看起來不像恐怖分子，但事實上是。他的出現令我產生了絕望感——原來恐怖分子是無處不在的。

這是一個很重要的認識。我前面講到，最簡單的善惡觀是非善即惡，善的世界與惡的世界是明確對立的。但這時，我開始發現看似善的世界裡，惡仍然無處不在，善與惡常是一體的。

恐怖分子俘獲我＝我接受了惡的誘惑

我再次逃跑，仍然渴望逃到一個能找到絕對的善的地方。但我失敗了，三個恐怖分子將我堵在一個十字路口，抓獲了我。這有強烈的象徵意義：我無路可逃。

十字路口也可以說是我內心的十字路口，我有時的確有這種絕望感。我發現，沒有一個單純的地方可以找到不存在惡的善。哪裡有善，哪裡也同時伴隨著惡。因為這種感受，我在部落格寫過一篇文章〈最大的惡行是追求絕對的善〉。

更詳細一點的意思是，最大的惡是以追求絕對的善的名義，將自己的意志強加在別人頭上；如果誰不同意走這條路，如果誰達不到絕對的善，就將誰從地球上抹去。於是，妄求絕對的善的人，常會製造最大的惡行，譬如「赤柬」前領導人波布指揮殺掉了柬埔寨至少五分之一的人口，其目的是為了製造一個理想社會。

其實，在政治領域或社會領域，發現善與惡總是並存，還不是最令我絕望的。最令我絕望的是，我發現在最私密的愛情上，一樣如此。

愛人們總是以愛的名義控制對方，一個人如果妄求絕對的愛，那麼他就會理直氣壯地傷害拒絕接受這份絕對的愛的戀人。不僅如此，更要命的是，我發現愛情中並不存在加害者和受害者。看起來，經常是一個人傷害了另一個人，但我深入了解的絕大多數故事顯示，這是一個雙重奏，受害者特意選擇了加害者，他潛意識深處還渴望著加害者的控制、征服和占有。

這個發現最令我絕望。我其實也在妄求一個單純的善的地方，但對世界了解愈深，對人性了解愈深，我就愈絕望。最終，我開始相信沒有這樣的地方，任何一個地方，任何一個有人心的地方，都勢必是善與惡並存的。

同時，我還感覺，善經常是綿羊般的善，而惡卻有力量。這種感覺貫穿在我整個夢中。一開始，代表善的國民們在那裡抱怨，代表善的父親把頭埋在土裡，渴望善的我四處奔逃，而代表惡的恐怖分子卻大行其道。

那麼，為什麼要行善？為什麼不投靠惡？

因為這樣想，所以我常會感到惡對我的誘惑。有時甚至會想，既然我對人性已非常了解，若嘗試在一切關係中控制、征服和占有，豈不是更厲害，可以更成功？

這就是夢中恐怖分子把我俘獲的真實含義。夢中，是我在十字路口被恐怖分子俘獲。現實中，則是我發現我已無路可走，每一條路都是一樣的。在這種絕望的心情下，我開始接受惡的誘惑。

恐怖分子將我捕獲，這一景象還有特殊的含義。一直以來，我不認同那種所謂最男人的男人，因為我認為這個世界的暴力和傷害，往往是這樣的人製造的。於是，我在講座時經常提醒女性聽眾，警惕「像刀子一樣鋒利、像鋼鐵一樣堅硬的男人」。

然而，透過與一個又一個人的深聊，我發現，這樣的男人在兩性關係中往往占據上風。許多女人被這樣的男人弄得傷痕累累，但這往往是她們的渴望，是她們的主動選擇。

這樣的故事聽多了，我有些厭倦。有時會想，這個世界就好像是惡人製造問題，然後善人去收拾。那麼，我何苦扮演後者這樣的角色？

此外，我還將人分成兩種：一種是人格障礙型的，典型特徵是推卸責任，認為成功一定是自己的功勞，而問題和責任是別人的；一種是精神官能症型的，典型特徵是擔負責任，很容易做自我歸因，承擔本不屬於自己的責任。而我發現，在我們這個社會，似乎前者更容易成功，而後者過於辛苦。

我有時會想，要不要訓練自己，訓練自己堅硬一些，訓練自己追求控制、征服和占有。

其實，我已在這樣訓練自己。這便是訓練營在夢中的寓意。

讓靈魂死去，以獲得更大的控制力

三個恐怖分子和三個被捕獲的「善人」，也有特殊的含義。他們一一對應，其實都是我自己內心的一部分。

這也可以理解為，這幾個人組成了一個小社會，而這個社會也是我們這個大社會的寫照。其實，從讀書到工作，我想我們大多數人的一個重要工作，就是學習控制別人的能力。並且，有時我想，為了更好地控制別人，最好讓自己的靈魂死去，因為靈魂活著的人會有豐富的同情心，而同情心會令他心軟，令他猶豫，也令他在控制、征服和占有的時候不夠果斷。

我是在看村上春樹的《挪威的森林》時，有這個想法的。這本小說裡有一個經典角色——永澤。他生於豪門，做事非常努力，但既不容許「憐憫自己」，也對別人沒有同情心，甚至以踐踏別人的情感為樂。許多人崇拜永澤，小說中如此，現實生活中也如此。在百度「挪威的森林吧」和「村上春樹吧」裡，永澤都是最被人賞識的一個。

然而，我和小說中的女主角直子的看法一樣，認為永澤是病得最重的一個人。我認為他是一個沒有靈魂的人，他不容許自己的靈魂活著，因為那會讓他有同情心，會影響他在社會上攀爬的速度。

這是夢中恐怖分子先摧毀我和另兩個同伴的靈魂的寓意。現實生活中，我多少也開始這樣想，這樣努力。

夢中訓練營地的方法非常殘忍，但有趣的是，這些具體的方法，醒來後我都不怎麼記得了。只大約記得，這些方法完全不考慮肉體的痛苦，用最不人道的方法，把我們訓練成沒有絲毫畏懼的殺手。這顯然反映了我在渴望變成「像刀子一樣鋒利、像鋼鐵一樣堅硬的男人」。

然而，靈魂是不可能被絕對摧毀的，它只是沒有被喚醒而已。譬如永澤，當深愛過他的女子初美自殺後，即便是他，也感到了一些遺憾。但因為不是他自己在痛苦，所以這痛苦的分量還不夠，於是他的靈魂仍沒被喚醒。但殺手們接受的訓練太過殘酷，令他們感到痛苦，這痛苦使他們的靈魂復甦了。

這也是我自己的寫照。我已體驗過靈魂活著的生活多麼美好，所以，哪怕靈魂只是開始有一點死去的跡象，我已很不情願。

最終，殺手們起來反抗，殺掉了控制他們的三個恐怖分子。但這並不意味著靈魂的徹底復甦。因為，世界是經常這樣輪迴的，控制手段更高明的人顛覆了只有控制欲望，但缺乏控制手段的人所建立的權力體系，然後控制、征服和占有了整個社會。抱著非善即惡觀念的人，選擇了這個更會控制的人，本以為自己可以得救，但最後發現，不過是開始了新的輪迴而已。

現實中，我明白這一點。夢中，這一點也體現得淋漓盡致。男人控制、征服和占有的最典型對象，就是女性，而夢中那個沒有靈魂、也似乎沒有行動能力的女子，很像是對渴望被控制、被征服和被占有的女性的一種象徵。

這可以說是我自己內心深處隱藏著的一個女性的象徵，也可以說是我最近聊過的許多女性的象徵，或者一個整體性的女性象徵。它深藏在我潛意識深處，但被X和那個三十多歲美女的故事啟動了。

夢中的女子是沒有靈魂的，也是徹底被動的，符合男權社會對女性形象的定位。女性們不得不扮演，甚至渴望扮演一個傳統、溫順而又渴望被控制、被征服的形象；而男性們也習慣扮演一個強大的、充滿控制欲望的形象。

然而，在我所了解的多數故事中，控制欲極強的男人是女性的地獄。

首先，傳統女性本能上渴望「強大的男人」控制自己，但一旦找到了這樣的男人，她得喪失自己的意志和獨立性，也就是令自己的靈魂死去，這樣，這個關係才是平衡的，否則兩人會衝突不斷。其次，這個女人會發現，她放棄自己的獨立意志後，並不能得到「強大的男人」的安全保證，這個男人或許會成為工作狂，或許會在外面不斷拈花惹草，或許還有其他的興趣，總之會對她不屑一顧。

這是一個深藏在我們潛意識深處的一個死結，是我們的文化發展幾千年，甚至是我們作為一個生物演化幾百萬年來的一個死結。男人和女人都執著在這個死結上，於是催生了最男人的男人，也催生了最女人的女人。

如果要維持這兩者的平衡，最好是雙方的靈魂都是死的，那樣雙方就會想，這是男女相處的法則，我們得遵從這個法則，儘管有些痛苦，但法則如此，所以忍受就是了。

然而，三個男殺手的靈魂復活了，這就產生了共振，使得那個女子的靈魂也復活了。她的靈魂復活後，首先散發出的是累積很久的沖天怨氣。這種怨氣，既反映了深藏在我內心深處的女性的集體無意識，也反映了X和那個三十多歲的美女的故事。夢中那個毀滅性的死亡之海，摧毀了許多城市和村落，即象徵著她們主動作為第三者，對那些家庭的摧毀。

夢中，三個男殺手不斷忙著疏散人群，並通知「美國國會」來構建大壩，可能象徵著我在和這兩個美女，以及其他充滿怨氣的女性聊天時，所做的工作。這份怨氣是堵不住的，只有理解才能化解它。所以，當那女子說「我愛我叔叔」的那一剎那，她就充分理解了自己的怨氣，一旦達到了這一點，死亡之海便一瞬間變成了清澈的大海、瀑布和河流。

死亡之海和清水之海，都可以理解為欲望。欲望，當是控制、征服和占有時，它就是毀滅性的；當是愛時，它就是生命之水。

「我愛我叔叔」這句話，還藏著一個重要的訊息：這個女子的愛是一種亂倫。夢中的女子說愛叔叔，現實中的X和那個三十多歲的美女，她們做第三者的動力，其實都源自父愛的缺失。

也許，我把自己這個夢解得過於宏大了，很可能，它只是反映了我自己內心的一些糾葛而已。因為，夢中的美國人在輸送構築大壩的材料時，他們顯得輕鬆幽默。可能夢是在提醒我，世界一直以來就是這樣的秩序，只是你自己那麼緊張而已，即便你擔心的事真的發生了，這個世界一樣在照常運轉。

戀上章子怡

夢者

R，女，一名年輕的女明星。

夢境

我是一個化妝師，在一個山村裡，正為章子怡化妝。

她的皮膚很好，人也漂亮極了，為她化妝的感覺真好。為她畫眉毛時，我看著她的眼睛，她也看著我的眼睛。我們四目相對，臉上同時綻放出了笑容。這一瞬間，我突然有了一種奇特的感覺，感覺與她有著無比的默契，心靈上息息相通。

難道我愛上她了？

我有點惴惴不安，那豈不是成了同性戀？

這時，夢中的畫面突然拉成了長鏡頭，變成從一座小山上往下看，而我和章子怡就在這個長鏡頭捕捉的畫面中。

章子怡來了。這個消息傳遍了山村，無數的人湧來，想靠近章子怡。我一隻手拉著章子怡，另一隻手則不斷為她護駕，擋開了一雙又一雙充滿仰慕與渴望的手。

這個場景是固定的，但畫面卻是不斷變換的。彷彿在拍電影一樣，一會兒是用廣角來呈現全景，一會兒是用長鏡頭進行特寫；一會兒平拍，一會兒又是從山上或樹上俯拍。

分析

R是廣州一位頗具人氣的主持人，上臺之前，她喜歡為自己化妝。一天，她化妝後，一個同事誇她這妝化得真漂亮，她聽了很開心。

下班的路上，她看到章子怡的一則廣告，畫面上的章子怡皮膚白皙、神態迷人，她只是瞥了一眼，並未對這個廣告留下很深的印象。但是，當天晚上，她就做了這個夢。

為什麼會夢見章子怡，而且在夢中還那麼喜歡她，甚至都令自己擔心是同性戀了？對此，R感到非常納悶，作為一名在演唱、影視和主持等方面都有涉獵的當紅女明星，她自己並不怎麼喜歡章子怡。

聽了她這個困惑，我先給她講了一個故事，她肯定聽說過的故事。

二〇〇三年八月，在美國MTV音樂錄影帶大獎的頒獎晚會上，樂壇三個流行歌后瑪丹娜、小甜甜布蘭妮和克莉絲汀同臺演唱，到激情處，瑪丹娜分別熱吻了布蘭妮和克莉絲汀，這一幕引起轟動。有趣的是，克莉絲汀後來大發牢騷，抱怨電視臺只給了瑪丹娜與布蘭妮熱吻的鏡頭，而把她和瑪丹娜熱吻的鏡頭給刪掉了。她還抱怨說，她向布蘭妮索吻過，但遭到了布蘭妮的拒絕。

布蘭妮為什麼接受瑪丹娜的親吻，卻拒絕克莉絲汀？布蘭妮後來自己給出了解釋，她說自己並不是同性戀，但的確忍不住渴望與瑪丹娜親近。不僅如此，她還模仿瑪丹娜的很多行為，譬如皈依了瑪丹娜信的教，模仿瑪丹娜寫了一本幼兒教育讀物，並在幾張專輯中模仿了瑪丹娜的衣著、姿態和音樂風格。

模仿瑪丹娜，並與瑪丹娜親吻，這兩者的含義其實是一樣的：布蘭妮渴望成為瑪丹娜這樣的人。

論音樂上的造詣及演藝圈內的影響，布蘭妮與瑪丹娜不分上下，因此她沒有必要在這一點上模仿瑪丹娜。布蘭妮真正想模仿的，是瑪丹娜做人的風格——有主見，自己為自己的人生作主。

可以說，瑪丹娜這樣的做人風格是布蘭妮的理想自我，而布蘭妮的現實自我是很沒主見，她不能為她的人生作主，因為她的人生掌控者是媽媽。

布蘭妮與瑪丹娜的接吻貌似同性戀行為，R在夢中與章子怡的心有靈犀，也貌似有點同性戀心理。這兩者的含義都是同一回事：布蘭妮渴望成為瑪丹娜這樣的人，R則渴望成為章子怡這樣的人。

R一開始否認這樣的說法，因為她認為自己真的不喜歡章子怡。

「你不喜歡她什麼？」我問她，「不喜歡她的相貌？她的成就？她的做人風格？她的做事風格？還是其他的東西？」

我解釋說，每個人都不是鐵板一塊的。章子怡身上有許多特質，相貌、成就、性格和風格等。同樣地，R也不是鐵板一塊，她身上一樣會有矛盾的地方。簡單而言，她某部分外顯的「我」明確地不喜歡章子怡的某些特質，但另一部分的隱蔽的「我」，會特別欣賞或羨慕章子怡的另一些特質。

聽了我這一番解釋，R承認有道理。

其實，在對我講這個夢之前，她的某段話已清晰地揭示了她這個夢的含義。

她說，有兩三年時間，她的內心衝突非常強烈。一方面，她是一個沒野心的人，從不去爭取什麼，更不會去搶。透過心計搶來原本不屬於自己的戲分，這樣的事她從來不幹。但另一方面，她又很想有一個明確的目標，「有了明確的目標，我就可以大膽地去追求，為它奮鬥。」

只是，這樣的「奮鬥」意味著我行我素，挑戰甚至違背一些大家普遍認可的規則。然而，R恰恰是一個特別守規矩的人，她的意識不允許她這麼做。

簡而言之，R有這樣一個內在衝突：意識上要求自己守規矩，但潛意識上又很希望成為一個有目標就去大膽追求的人，也就是章子怡這樣的人。

這種潛意識，她平時自己儘管會意識到一些，但一覺察就會刻意否認，將它壓抑到潛意識中去。而夢是潛意識的展現，她與章子怡親密無間的夢，清晰地告訴她，成為章子怡這樣的人，是她的渴望。

不過，真實的章子怡，R即便在夢中也不能接受，她必須做點工作才行，那就是化妝。把章子怡的一些瑕疵——自然不是相貌上的——修飾掉，那就是完美的章子怡，也是她所渴望達到的完美境界了——不僅受萬人矚目，同時也無可指摘。

R的夢還有一個有趣的地方：夢的發動者宛如一個導演，一會兒玩全景，一會兒玩長鏡頭，一會兒俯拍……總之，它要用一切手段來切割、剪輯，並組織畫面，讓畫面按照導演的意思展現出來。這也反映了R的人生態度，即試圖用各種手法，剪輯掉自己人生中一些不怎麼完美的畫面，盡可能只留下自己完美的一面。

不過，她這樣做，主要不是展現給別人看，而是展現給自己，因為她對自己有不少偏苛刻的要求。

這樣自然很累，R深知這一點。她說，做這樣的夢，似乎比白天的生活還要累。

房子裡很亂

夢者

Lily，女，三十八歲。

夢境

我的家裡在裝修，很亂，我的心裡有些煩。

分析

這是一個很簡單的夢，不過，它有一個很棒的引子。

Lily是我在廣州蓮花山上催眠課的同學，她做這個夢的前一天上午，給我們上課的世界頂級催眠大師史蒂芬・紀立根老師講了一個故事。

法國一個男孩，八歲的時候和同學在教室裡打鬧，不經意摔了一跤，眼睛撞到尖銳物，雙雙失明。

對於一個八歲的孩子來說，這是何等殘酷的意外。然而，這個男孩卻很快就接受了這一事實。當醫生說，你會終生失明時，他反而有一種奇特的感覺，自己好像正處在一個光明的世界裡。這個世界充滿能量，當他調整自己的頻道「聽」到這能量時，一個光明的世界就在他面前展開了，他似乎還可以聽到別人的內心世界。

這個男孩成長為一個青年時，趕上了納粹德國侵占法國。他和另外三名青年參與創辦了一個反納粹組織，成員最多時有一萬五千餘人。他的一個重要工作是面試想加入的成員，以防止間諜的闖入。

面試時，他只是坐在那裡，去「聽」那能量，以此來判斷對方是否合適。

一直以來，他總是對的，只有一次錯了。那次，時間很緊迫，而對方又是他們中的一個人的好朋友。他開始用頭腦來做判斷，對自己說，這個人應該是沒有問題的，但他感覺到，能量場中有一塊很黑的地方。儘管如此，他還是想，這個人就算有點問題，總歸還是可以信任的。最終，他同意吸收這個人進入他們的組織。

很不幸地，事情發生了。這個人果真是間諜，他出賣了整個組織，大部分的人被抓並被送進集中營，不少人死在集中營裡，但這個負責面試的青年生還了。

二戰後，這個青年成為一名作家，在一所大學教授文學，並寫了自傳。在自傳中，他一再強調，我們每個人的內在都有光明，而我們的欲念和思維把我們卡住，讓我們遠離了這內在的光明。也許因為失明的關係，他比普通人更容易碰觸到這內在的光明，但有的時候，光明會黯淡下來，甚至幾乎要消失了。

在他的家中，如果他讓自己自信地行走，毫不猶豫地投入，那樣失明對他沒有任何阻礙，他能「看」見家中一切事物。但是，如果他走神了，譬如走在房間裡，卻想著鎖裡的鑰匙，想它是有敵意的，那麼每一次他都會被傷到。

在自傳中，他寫道：

當我的心平和時，無論走在家裡什麼地方，我在前一刻就會知道，房間裡的東西在哪裡。但如果我生氣了，不管生氣的緣由是什麼，家裡所有的東西好像比我還氣，會在最不可思議的角落裡躲起來，像烏龜一樣躲起來，像瘋子一樣野起來，這時我會不知道我的手和腳該放在哪裡，並且很容易就會撞到東西。

我學會不嫉妒、不友善，因為一旦如此，就會有一條繃帶封住我的「雙眼」，突然有一個黑洞在我周圍打開，我只能無助地待在裡面。

……有了這個工具（內在光明的指引），我為什麼還去在乎規範？我還需要紅綠燈嗎？我只需要信任那個光明的所在，它會教我怎麼生活。

這是一個很動人的故事。紀立根老師在講這個故事前，先集中講了他的老師米爾頓・艾瑞克森的生命奇蹟。這兩個故事的類似之處是，故事的主人公都遭受了命運的無情打擊，但他們並沒有抱怨自己失去的一切，而是由衷感謝自己所擁有的，最終他們開啟了生命的廣闊空間。對此，紀立根描繪說：「任何發生在你身上的事情，是一個機會，是一件禮物。有些禮物非常可怕，即便是你的敵人都不願意給你，但當它發生後，請接受它。一旦接受，它就是一個禮物。」

這個故事中，紀立根著力講了男主角在自家房間裡的故事。而後Lily便夢見了自家房間裝修的故事，顯然是法國男孩的故事引起了她的共鳴和反思。

房間，可以理解為心或自我結構，而Lily夢中的房間正在裝修，其寓意是Lily認為自己需要成長，而且是主動地成長。

Lily上了很多課程，這次的催眠課只是其中之一。她說，她上課的目的是想更好地幫助別人。但這個夢或許是在提醒她，她上這些課更重要的是「裝修自己」。

房間很亂，這或許有雙重含義：Lily的內心有點亂，Lily的「家」，也就是重要的親密關係中有些麻煩。通常，當一個人內心有點亂的時候，很容易找到外在的理由，覺得是別人，譬如配偶和孩子令自己心亂。然而，法國男孩的故事很經典地顯示，當你在一個房間裡迷失時，不是因為房間自身所導致，而是因為自己的心先迷失在憤怒、嫉妒或不友善中了。

考慮到這個故事和Lily的夢的緊密連結，可以說，這個夢是在提示Lily，你感覺到亂，首先是你的心亂了，很可能是你先憤怒了。你的心失去了秩序，於是外面的世界——家，也失去了秩序。

怎樣才能恢復這個秩序呢？可以透過「裝修」，將「家」修飾成自己所希望的樣子，這是我們喜歡做的事情。

也可以向法國男孩學習，學習相信內在光明的指引，學習把自己像這個男孩一樣，交給自己內在的靈性，讓它指引自己。它可能會將自己帶向自己所希望的方向，但也很可能不是，這時她要聽從於它。

如果不這樣做，而仍然執著於自己意識層面的希望，那麼就會像法國男孩招募那個間諜一樣，就像他在房間裡行走一樣，會「摔跤」。

有人放毒氣

夢者

阿誠，男，三十四歲，企業培訓師。

夢境

一、一間很大的房子裡，有幾十人躺著，突然一陣白煙升起，有人暈倒，旁邊人大喊：「不好，有人放毒氣！」房子裡一片混亂，人們向外衝去，門口有兩名員警，逐一盤查試圖出來的人們。最後，房間裡剩下兩個外國人沒走，肯定是他們幹的了。不過，他們好像沒有一點惡意。

二、一座大山上，有一間寺廟，廟裡在賣衣服。衣服很漂亮，我很喜歡，但衣服太便宜了，我隱隱有些擔心，這是好衣服嗎？

分析

這是我在廣州蓮花山上學催眠時，聽到的兩個夢。

這兩個夢都是我同學阿誠在學習期間做的，他百思不得其解，不知道這兩個夢是什麼意思。我忍不住笑了起來，因為夢中的寓意實在是太明顯了。

第一個夢的寓意有趣至極。夢中的那兩個外國人，應該就是那幾天教我們的兩位老師，一位是教催眠的紀立根老師，一位是給紀立根做助教的Jorg。Jorg是德國人，在武當山上待了七年，從十六歲起就一直在練氣功，所以他在那幾天的早上會教我們氣功。

阿誠上課的時候很認真，言談中也非常「催眠」，對催眠、對紀立根老師非常推崇。但第一個夢顯示，他的內心深處其實還不相信催眠。他的潛意識在某個層面上認為，紀立根老師和Jorg是在「放毒氣」，要把大家給迷暈。

這個夢境和我們上課的環境很像，我們約八十人，在一間大房子裡學催眠。每天上午和下午都至少有一次學員間的練習，練習前，紀立根老師會做示範，給一個學員做催眠。每次紀立根老師都能令學員進入深深的且非常舒服的催眠，而練習中也常有人會被自己的拍檔給催眠。

這些情境絲絲入扣地一一對應了阿誠的夢，如幾十人在一間大房子裡「睡覺」，突然有人「暈倒」，而這些催眠結果則被他的潛意識視為「外國人放毒氣」的迷惑所致。

不過，他對催眠的懷疑應是淺層的潛意識，深層潛意識的感覺，當是夢中最後的感覺——那兩個外國人好像沒有一點惡意。可以說，第一個夢是告訴阿誠，他意識上對催眠和紀立根老師的接受，是表面上的，甚至可以說是一種表現：別人都顯得能進入深深的催眠狀態，我也不能落後。這就是一種比較心態了，而且意識和潛意識發生了一定程度的分裂，意識的「我」和真我有了一定距離。

阿誠的第二個夢雖然很簡單，但一樣十足有趣。這個夢也揭示了他意識層面的比較心態。那些衣服非常漂亮，只是因為價格便宜，他就開始懷疑衣服的價值了。可以說，他容易被外在的標準影響，而較難根據自己單純的感覺，去接納一個事物的自身價值。

這和紀立根的催眠課也大有關係。阿誠做這個夢的前一天，紀立根做了個小調查，問我們誰有過那種極度的喜悅時刻。我舉了自己的例子，講某次在南澳島看海上日出時的震撼與喜悅。另一個故事更加引人入勝，一個女學員說，有一段時間，她辭職在家，一天早上，她起床後先練瑜伽，沒感覺，接著想跳雙人舞，但家中只有她一個人。失望之餘，她突然想，為什麼不能和自己起舞呢？隨即，她開始起舞。在這次的舞蹈中，她第一次深深地感覺到，身體內還有一個更真實的自己，她可以和這個內在的自我融合。舞蹈結束後，她感覺到一種前所未有的喜悅和安寧。

對此，紀立根說，你們看到了，最快樂的事情都是不花錢，很便宜的。看來，這個情節被阿誠吸納到自己的第二個夢中了。夢或許是在提醒他，你其實也可以有很多這樣的時刻，只要你能夠不被外在價格迷惑，而單純地去接受一個事物的本真。

或許，也可以說，在這幾天的催眠課上，阿誠也有過深深的催眠狀態。但他這時往往會加上一個評價：「來得這麼容易，這是真的嗎？」這種評價會讓他不能全然地沉浸在催眠時刻。

這兩個夢看似是相互矛盾的夢，而這種矛盾或許是在提醒他：你要忠於自己的體驗；你的體驗是什麼，就接受這一程度的體驗就可以了，不必抬高，也不必懷疑或貶低。

第一個夢，顯示他有時會抬高自己的體驗。有些時刻，他並未進入到催眠狀態中，當沒有這體驗產生時，他對催眠和紀立根老師有些不信服，這是很自然的結果。但紀立根老師大名鼎鼎，而身邊又有那麼多人進入到很深、很美的催眠狀態中，自己怎麼會這樣呢?!於是，對權威和團體的認同心與比較心態會令他表現出很深入其中的樣子。但夢提醒他，他的表層潛意識其實是覺得紀立根老師在裝神弄鬼；同時，他更深一層的潛意識，已經相信了紀立根和Jorg是沒有惡意的。

第二個夢，顯示他有時會貶低自己的體會。有些時刻，他不需努力，就可以體會到深深的喜悅，或進入很美的催眠狀態中，但他覺得這太容易了。「不對，只有花了很大的價錢弄來的東西，才有價值。」

總之，這兩個相互矛盾的夢中，藏著同樣的寓意：尊重你的感覺。

籃球競技場

夢者

阿傑，我的男性來訪者，廣州人，約三十歲，IT工程師。

夢境

在奶奶家，爸爸叫我去打籃球。奶奶家在一個省會城市，有一個小小的後院。但夢中的院子很大，有一座正規的籃球場。

我們走到後院，我投籃，但力氣小，投不進去。姨媽在旁邊說：「真笨！」說得我很自卑。不過，走了走我才發現，剛才投籃時，我還沒到中場，那麼遠，當然投不進去。

繼續向前走，到了三分線下。這時，籃下已有很多人，他們打球很髒，爸爸擠到了籃下，搶了一個籃板球，並迅速傳給我。傳球時，我看到爸爸的眼神有一點無助。

我預感爸爸會傳球給我，所以順利地接到籃球，向前，轉身背打，後面有人拉我衣服。我喊：「犯規！」旁邊有人支持我，跟著我對那個人說：「你犯規！」

籃下還出現一群小孩，他們完全不守規矩，有兩三個拽住了我的衣服。我帶著他們跳起來，非常有把握地投籃，一個漂亮的空心入網！真爽！

小孩們還在搗亂，我嚴厲訓斥他們，他們委屈地哭了，讓我有點內疚。

分析

作為一名ＩＴ工程師，阿傑是一個典型宅男，人際關係簡單，戀愛被動，對工作很專注，愛好偏少。不過，他籃球打得不錯，在部門裡小有名氣。

阿傑說，他初中時開始打籃球，菜鳥時就發現自己彈跳力好，在同學中是跳得最高的，而且身高也不差。另外，他很擅長搶籃板，卡位功力很好，總能搶到一些匪夷所思的籃板球。那時，就會贏來許多驚嘆加讚譽的目光，讓他感覺非常好。

高中時，球友中比他高的人多了起來，他的身高不再有優勢，不過，強壯的身體和卡位意識，讓他還是搶籃板球的高手。對於搶籃板球，他說：「我在籃下特別執著，一心想著要搶籃板，那時注意力高度集中，其他什麼都不管了。我常常覺得納悶，為什麼別人都搶不到呢？」

到了大學後，他發現自己不再硬朗，軟了下來。這讓他很納悶，不過回頭看就明白了。中學時，學校都是省級重點中學，很重視學業成績，同學們身體素質一般，雖然高中時身高不再有優勢，但他的身體還是很強壯。進入大學後，念書之餘同學們有更多的體育活動，智商優勢變成了肌肉優勢，球友們變強了很多。不僅身體強，意識也很強，「感覺他們就跟狼似的。」

很多男性喜歡競爭性的環境，但他不是，面對身體和氣勢都強大的球友，他覺得自己不自覺地變成了退縮的小孩，「我像小朋友一樣，這是好聽的說法，難聽一點就是，面對強大的雄性伴侶，我『陽痿』了。」

夢反映了他與男性的關係

「陽痿」，是一個關鍵性的詞彙，是理解這個夢的鑰匙。

他的夢，分為兩部分。第一部分，是夢一開始，他還沒到球場中間時就開始投籃，不中，還遭到了姨媽的嘲諷。第二部分，是重點，是他和父親、男性伴侶、小男孩們，一起打籃球。

可以說，第一部分反映的是他和女性的關係。夢中的姨媽是一個代表，反映的既是他與姨媽的關係，也是他與媽媽、妻子等女性的關係。他說，的確，姨媽對他的嘲諷，那種感覺也貫穿在他與其他女性的關係中。她們照顧他、呵護他、疼愛他，但純粹把他當小孩看，同時也很容易嘲諷他。

第二部分反映的則是他與男性的關係。不過，是他現在與男性的關係，而不是他一直以來與男性的關係。過去，他與男性，特別是男性權威的關係，更像是他大學時與球友的關係，對方是有狼性的雄性長輩，而他是一個退縮的小孩。

經過一年多的諮商，現在他的內心世界發生了很大的變化，與外部世界的關係也變化很大，其中一點就是與男性關係模式的轉變。

和中國多數家庭一樣，阿傑童年時與母親的關係過於親密，而與父親的關係過於疏遠。母親像母雞護小雞一樣庇護著他，但也將他的世界鎖在狹窄的母親世界中。而父親對他而言，就像是不存在一樣，只會在管教他的時候出現，其他時候父親都忙於自己的工作。

母親，對孩子基本的心理建構是決定性的。但父親同樣具有至關重要的作用，其中一個最基本的作用是，父親介入到母子關係中，可以將孩子的世界撐開。並且，將孩子帶入到更寬廣的世界。如果父親缺席，那麼孩子的內心就容易塌陷在母親的世界中。而通常，母親的世界是比較狹窄的，這最終會影響孩子，特別是男孩，進入到雄性世界之後的表現。

阿傑正是如此。他能很好地與女性建立基本信任的關係，但他在與男性的交往上，存在著重大障礙。他懼怕男性權威，懼怕與男性權威競爭，總覺得他們根本就看不起自己。於是，他在與男性相處時，很容易就套用了與媽媽的關係模式，不自覺地扮演成一個小孩，並無意識地想激發他們的母性特質，讓他們扮演照顧自己的角色。

他的這種無意識策略，對有母性的女性很容易奏效，對有母性的男性也比較容易奏效，但對於雄性十足的男性就無效，因為真正的雄性是不怎麼樂意做一個照顧者的。偶爾有興趣，也往往是雄性獅子與小獅子玩耍一下，或者攻擊一下。

然而，他只熟悉了被照顧的感覺，當感覺被攻擊時他會很緊張。而愈是緊張，就愈容易套用無意識下最熟悉的策略——對他來講，就是做一個更乖的小孩。而這會讓他在球場上更加無所適從。

他終於能在爸爸面前展示男性力量

經過一年的心理諮商，阿傑對這一切理解愈來愈深，並逐漸有了改善。

譬如，在公司裡打籃球時，一位主管經常排擠他，嘲笑他技術不行，打得太軟。以前，一碰到有男性權威這樣對他，他就更「陽痿」，變得更畏首畏尾，但現在他不會這樣了。一次打籃球時，那位主管又這樣對他，突然間，他看到了自己內心的怒火在燃燒，隨即他爆發了。他又成了那個最擅長彈跳的灌籃高手，抄球、過人、投籃、搶籃板……無所不能。並且，他也將怒火燃向那位主管，用強壯的身體壓制他。

結果，那一個下午，他就像是籃球場上的神。並且，他與那位主管的關係也變好了。主管特地過來對他說：「小夥子，你真行啊！下次還要這樣！」

這不難理解，雄性動物之間常常是不打不相識。在激烈的對抗中，將彼此的雄性力量激發出來，這會讓雙方都有很好的感覺。

他與父親的關係也有了變化。過去，父親總是否定他，覺得他的想法和選擇都是錯的，不自覺地要控制他的一切，而他自己也總覺得父親太厲害了，遙不可及。在精強能幹的父親面前，他簡直就是個不可救藥的蠢貨！

但現在，當父親對他的事有建議，甚至想為他做決定時，阿傑會很自然地先思考一下該怎麼辦。這樣做時，他發現自己一點都不蠢，而父親也並不高明。事實上，在他自己的事情上，當與父親的意見發生衝突時，百分之七、八十的機率，他自己的選擇更合理。

這也是夢中的感覺。在籃球競技場上，在雄性世界中，他更有力量，而父親給他傳球時，他從父親的眼神中看到了一絲無助。父親不再是遙不可及的神，而自己似乎更有雄性的力量。這是大多數男性都必然要經歷的一個階段，他們由此超越父親，進入雄性世界的競技場。

然而，如果只有這一部分，那麼一個男孩就會覺得，雄性世界就只是弱肉強食的叢林世界，完全是力量和殘酷說了算。所以，重要的是，父親懷著愛，陪伴兒子進入到雄性的世界。與此相對應的是，夢中父親邀請阿傑打籃球，並且帶他與其他男性一起競爭。若童年時多一些這樣的時刻，那該多好！

這個夢，若引申一下，也可以理解為我與他的關係的展現。作為一名男性諮商師，我在阿傑的眼裡是權威，他對我非常尊崇，而他則扮演一個很乖的學生。在最初半年中，我與他的關係一直是這種模式，他在某種程度上，將我變成照顧者，而他是渴望被照顧的小孩。我部分滿足了他的這種渴望，但更多的時候，我引導他用自己的力量去尋找答案。並且，他也逐漸發現，很多時候他才是那個正確的人。

由此，他看到我的虛弱，而對自己的力量愈來愈信任。最終，他找到了靠自己的力量打球的美妙感覺。

靠自己的力量打球，這是最美的生命感覺之一。

唾手可得的魚我不敢撈……

夢者

楊女士，四十多歲，私人企業老闆，單身。

夢境

我走在一座水壩上，水略略漫過了堤壩，一條鮮魚躺在堤壩上，牠被割了三刀，就好像有人要烹調牠而劃了三道口子，好在那裡放佐料。

我感覺，像是有人要給我這條拿來就可以烹調的魚。但我想，天上不會掉餡餅，這條魚肯定有問題。於是，我沒有拿牠，而是從旁邊走過去了。

分析

楊女士堪為成功人士，她有自己的公司，經營已十多年，是熱門行業，淘了不少金。但她的身上，看不到一絲一毫成功人士的派頭。她衣著土氣，不僅如此，她的神情、她的皮膚，都讓我想到枯木頭。

木頭本來已比較僵硬了，更嚴重的是，水分彷彿也正從她身上流失，她的身體正日益乾癟。可以說，她的生命力正在全面枯萎，身體僵硬，神情呆板，皮膚也失去了光澤。

她成為這個樣子，有一個最直觀的原因：沒成家，沒孩子，一次戀愛都未談過。

四十多歲都未談過一次戀愛，是一件很嚴重的事。

戀愛，可啟動一個人的生命力。不過，要戀愛，必須生出對愛的渴求。

那些童年受傷太重的人，不敢生出愛的渴求，因為一生出這份渴求，就會被深深的悲傷與絕望侵襲，所以有些人終其一生都不敢戀愛。因而，他們生命中很大的一份活力就不會被激發出來，其生命就容易早衰。

可以說，生命力，或活力，對我們來說，就像水分對花草樹木一樣。從未戀愛過的人，就是切斷了情感的河流，一如樹木失去水分，最終失去生命力。

楊女士知道，從未談過戀愛是她生命力日益枯萎的一個原因，但她說，從未有男人對她產生愛慕，又談何戀愛？

說這番話時，她不好意思地笑笑，也只是微微地苦笑一下，好像外在的臉和內在的心，都起不了什麼波瀾了。

不過，隨著諮商的進展，我們談話愈來愈深。她發現，並不是男人從未愛慕過她，而是她忽略了他們所發出的求愛信號。大學或工作時，有同學或同事對她發出過求愛信號，而且還有男人多年來一直對她表達好感，但都只是被她理解為友誼。

為何會有這份誤解？

思考這個問題時，楊女士想起了她常做的一些夢。譬如，本文一開始提到的夢。有次她夢到一池塘的魚，也是很肥，但懶懶的都不游動，讓她覺得都是「病魚」。還有一次，她夢到走在一個湖中的一座浮橋上，湖裡的魚跳起來，湖裡的烏龜努力立起來，要咬她的手指，讓她害怕……

想到對男人的誤解與這些夢，她若有所思地說：「魚，難道就是男人，就是愛情？而我總覺得，我遇到的男人都是病魚。所以，雖然唾手可得，但我還是選擇了遠離他們。並且，當他們有活力，主動靠近我時，我覺得他們要攻擊我，讓我更害怕。」

這種解釋，聽起來非常有道理。

由這個夢，她又想到了一件匪夷所思的事。那是她讀小學時，她去田裡，看到前方路中間臥著一隻白色的兔子。她脫下外衣，悄悄靠近，馬上用衣服將牠扣住。兔子的動作本是非常靈活的，所以有「動如脫兔」這個成語，但她竟然那麼輕易地捉到了這隻兔子。甚至，她感覺，牠都沒有掙扎。

捉到的那一刻，她有一點興奮，但這興奮一閃而逝。隨即，她想：兔子如此靈活的動物這麼輕易被我捉住了，牠肯定是病了吧。於是，她掀開衣服，想檢查一下。

掀開衣服的那一剎那，她有些恍神，而白兔馬上掙脫，逃走了。

這件事對她刺激很大，那時她就想，難道是老天派一隻兔子，先讓她輕鬆捉住，再讓牠逃跑，用這種戲劇性的方式告訴她些什麼嗎？

後來，當她第一次聽到「天啟」這個詞時，立即又想起了這件事。她想，這就是天啟吧。但她一直沒想明白，這到底要啟發她什麼。

這件事是她生命中最深刻的回憶。而在我看來，任何人記憶最深的那一件事，即是這個人命運的濃縮。或者說，是生命的隱喻。若能看破它，就能讀懂自己的命運。

若這一點成立，那麼這次「天啟」，是要啟發她什麼呢？

其實，事實已非常清楚，那就是，她有太多機遇，她身邊有太多人都可能和她構建親密關係，但她錯過了，與他們擦肩而過。錯過的關鍵，是她懷疑他們是病魚。

然而，所謂病魚，更可能是一個誤解。正如那隻白兔是很健康的，卻被懷疑是病了，結果得而復失。

為什麼會這樣？

最表面的理解是，她不相信「天上掉餡餅」，即她不相信會有好運自動降臨到她頭上。

更進一步的理解是，「餡餅」即愛。也就是說，她不相信愛會自動降臨到她頭上。她必須要主動去爭取愛，但是，她又自卑到極點，根本沒有心力去對異性表達愛。所以，既然愛不會自動降臨，而她又不會努力爭取，那麼，愛就絕對不會發生了。

這裡說的愛，既是男歡女愛，更是父母等親人給孩子的愛。實際上，一個人對男歡女愛的信心，都是取決於童年時，父母等養育者給了他們多少的愛。若多，就有信心；若少，信心就少；若嚴重欠缺，信心甚至會接近零。

像枯木一樣的楊女士，她的家中有許多兄弟姊妹，而她排行中間，自然而然成了父母最忽視的那個孩子。

複雜一點的理解是，其實她是一條安靜的魚。她知道自己這條安靜的魚是病魚，而這種病魚沒有人會去愛。所以，她也將其他安靜的魚視為病魚，也認為這樣的魚不值得愛。

病魚，也是一個很深的隱喻。

有段時間，在諮商中，和楊女士常陷入無話可說的境地。生活中，她也的確是那種很不容易開啟話題的人，她會覺得自己發起的話題都沒意思。

結果，那段時間，諮商常常會這樣開始：她一進來坐下，我們倆面面相覷，我等待著她發起話題，而她將球傳給我說：「武老師，你想說點什麼？」

許多看起來不夠有意思的來訪者，也有這樣的現象，他們難以開啟話題，於是會在諮商一開始說：武老師，你覺得咱們該說點什麼？

這種現象的發生都是因為，來訪者覺得他們的話題沒意思、沒意義，不值得談。這種心理是自我價值感低的一個表現。其實，他們的任何一件事，只要能攪動他們的心，都是有意義的。

一次諮商中，楊女士又將球傳給我，說：「武老師，你想說點什麼？」

我建議她閉上眼睛，安靜下來。我也一樣，我們就這樣安靜地待著，看看會發生什麼。閉上眼睛時，我也常常能感覺到來訪者的情緒變化，並根據我自己的感覺進行調整，看看是睜開眼睛還是繼續閉著。

最初，我的頭腦是混亂的、沒有頭緒，昏昏欲睡。但突然間，我頭腦清醒過來，有股濃烈的情緒從身體裡升起，有悲傷，也有巨大的憤怒。於是我睜開眼睛，看到她的眼淚嘩嘩地流下來。她繼續閉著眼睛，就這樣流淚流了十多分鐘。

她眼淚大致停止的時候，我請她睜開眼睛，問她發生了什麼事。她講到了生活中一件讓她極其憤怒的事情。

我有些驚訝地問她，這是一件多麼重大的事啊，為何你會覺得這件事都不值得談，而要我發起話題呢？

她想了想，說有兩個原因。

第一，她總覺得，她的任何事情，不管多麼生死攸關，對別人來說都是不值一提的。這是她極其缺乏被關注與愛的童年所形成的生命體會。

第二，她覺得悲傷和憤怒都是很不好的情緒，她不希望別人拿這些負面情緒影響她，她也不想拿這些負面情緒影響別人，而這次她不想影響我。

這就是病魚的隱喻。在她看來，一個人只要有不好的情緒，就是病魚。但這個世界上，每個人都有種種負面情緒。負面情緒和所謂的正面情緒一樣，都是活力之河的河水。假若我們切斷了負面情緒的流動，我們也就切斷了正面情緒的流動，而最終，整條活力之河，日益乾涸。

她不想要別人的負面情緒影響她，於是，她就切斷了與想和她聯繫的人的聯繫。她不想自己的負面情緒影響別人，於是，她也斷掉了和自己所渴望的人的聯繫。

最終，她成了孤家寡人。

那些童年太孤獨的人，都容易形成這種心理機制：我必須成為一個沒有負面情緒的很好的人，我才是值得交往的人；同樣地，我也只和有正能量的人交往。但這是一種偏執、一種分裂、一種二元對立，它終將讓我們變成日益僵硬，甚至乾枯的人。

所以，楊女士以及我們每個人，都要學著允許別人是病魚，也允許自己是病魚，學習接納自己和對方的所謂負面情緒。如此，才能幫助我們建立情感連結，讓活力不僅在我們體內流動，也在關係中流動。

國家圖書館預行編目資料

夢知道答案 / 武志紅著. -- 初版. -- 臺北市
: 寶瓶文化, 2019.08
面 ; 公分. -- (Vision ; 184)
ISBN 978-986-406-166-2(平裝)

1.解夢 2.精神分析學

175.1 108013927

Vision 184

夢知道答案

作者／武志紅

發行人／張寶琴
社長兼總編輯／朱亞君
副總編輯／張純玲
資深編輯／丁慧瑋
編輯／林婕伃
美術主編／林慧雯
校對／林婕伃・陳佩伶・劉素芬
營銷部主任／林歆婕 業務專員／林裕翔 企劃專員／李祉萱
財務主任／歐素琪
出版者／寶瓶文化事業股份有限公司
地址／台北市110信義區基隆路一段180號8樓
電話／(02)27494988 傳真／(02)27495072
郵政劃撥／19446403 寶瓶文化事業股份有限公司
印刷廠／世和印製企業有限公司
總經銷／大和書報圖書股份有限公司 電話／(02)89902588
地址／新北市五股工業區五工五路2號 傳真／(02)22997900
E-mail／aquarius@udngroup.com
版權所有・翻印必究
法律顧問／理律法律事務所陳長文律師、蔣大中律師
如有破損或裝訂錯誤，請寄回本公司更換
著作完成日期／二〇一五年
初版一刷日期／二〇一九年八月
初版二刷日期／二〇一九年八月二十八日
ISBN／978-986-406-166-2
定價／三五〇元
本作品中文繁體版通過成都天鳶文化傳播有限公司代理，經北京時代光華圖書有限公司授予寶瓶文化事業股份有限公司獨家出版發行，非經書面同意，不得以任何形式，任意重製轉載。
Copyright©2019 by 武志紅
Published by Aquarius Publishing Co., Ltd.
All Rights Reserved.
Printed in Taiwan.

AQUARIUS 寶瓶文化事業

愛書人卡

感謝您熱心的為我們填寫，
對您的意見，我們會認真的加以參考，
希望寶瓶文化推出的每一本書，都能得到您的肯定與永遠的支持。

系列：Vision 184 書名：夢知道答案

1. 姓名：________ 性別：□男 □女

2. 生日：____年____月____日

3. 教育程度：□大學以上 □大學 □專科 □高中、高職 □高中職以下

4. 職業：________

5. 聯絡地址：________

聯絡電話：________ 手機：________

6. E-mail信箱：________

□同意 □不同意 免費獲得寶瓶文化叢書訊息

7. 購買日期：____ 年 ____ 月 ____日

8. 您得知本書的管道：□報紙／雜誌 □電視／電台 □親友介紹 □逛書店 □網路 □傳單／海報 □廣告 □其他

9. 您在哪裡買到本書：□書店，店名________ □劃撥 □現場活動 □贈書 □網路購書，網站名稱：________ □其他________

10. 對本書的建議：（請填代號 1. 滿意 2. 尚可 3. 再改進，請提供意見）

內容：________

封面：________

編排：________

其他：________

綜合意見：________

11. 希望我們未來出版哪一類的書籍：________

讓文字與書寫的聲音大鳴大放

寶瓶文化事業股份有限公司

（請沿此虛線剪下）

廣 告 回 函	
北區郵政管理局登記	
證北台字15345號	
免貼郵票	

寶瓶文化事業股份有限公司 收

110台北市信義區基隆路一段180號8樓

8F,180 KEELUNG RD.,SEC.1,

TAIPEI.(110)TAIWAN R.O.C.

（請沿虛線對折後寄回，或傳真至02-27495072。謝謝）